연세대학교 법학연구원 학술총서 2

연세의 법학자들 Ⅱ

연세대학교 법학연구원

박영사

이 저서는 2024년 연세법학진흥재단의 지원을 받아 출간되었습니다.

발간사

연세대학교 법학연구원은 소속 연구자들의 학문에 대한 열정과 노력을 기리고 후학에게 나아갈 방향을 제시하고자 학술총서를 출간하기로 계획하여, 2024년 11월 첫 번째 학술총서로 '김남철 교수와 행정법'을 출간하였습니다. 이를 통해 연세대학교 법학전문대학원 교수로 재직 중 2024년 5월 28일 소천하신 김남철 교수님을 항상 옆에 두고 본을 받고자 하였고, 2024년 11월 19일에 김남철 교수님의 가족·제자·동료 등을 모시고 법학연구원 주관으로 출간기념회를 가졌습니다.

연세대학교 법학연구원은 2025년 4월 두 번째 학술총서로 '연세의 법학자들 II'를 출간하게 되었습니다. 2025년은 연세대학교 창립 140주년이 되는 해로서, 법학연구원에서는 2024년 9월 이를 기념하기 위하여 '연세의 법학자들 II'를 출간하기로 계획하였습니다. 6명의 연세대학교 법학전문대학원 교수(김정환, 김태관, 이기범, 정영수, 최난설헌, 홍강훈)가 출간준비위원으로 대상자를 선정하고 집필자를 섭외하였습니다. 대상자로는 이근식(李根植, 1925~2007) 교수, 양승두(梁承斗, 1934~2018) 교수, 이정한(李楨漢, 1936~1991) 교수, 손주찬(孫珠瓚, 1923~2005) 교수, 김정건(金楨鍵, 1933~2016) 교수, 김홍규(金洪奎, 1931~2005) 교수, 이형국(李炯國, 1938~2022) 교수, 김주수(金疇洙, 1924~2021) 교수, 이화숙(李和淑, 1946~2022) 교수 등 총 9분을 선정하였습니다. 그리고 집필자로는 서종희·강수경·신현윤·경익수·이재곤·손한기·김종구·김태관·박근웅 교수를 선정하여 집필을 의뢰하였습니다. 9분의 집필자 모두 기쁜 마음으로 흔쾌히 원고를 집필해 주셨습니다.

‘연세의 법학자들 Ⅱ’는 2020년 12월에 출간된 ‘연세의 법학자들 Ⅰ’의 후속편에 해당하는데, 연세법학 100주년인 2021년에 맞추어 출간된 ‘연세의 법학자들 Ⅰ’은 연세법학의 초창기 선구자들인 유억겸(俞億兼, 1895~1947) 교수, 김기범(金箕範, 1920~1977) 교수, 박관숙(朴觀淑, 1921~1978) 교수, 정영석(鄭榮錫, 1916~1990) 교수, 박원선(朴元善, 1907~1986) 교수, 함병춘(咸秉春, 1932~1983) 교수, 김현태(金顯泰, 1918~1998) 교수 등 7분의 일생을 조감하고 학문적 업적을 소개하였습니다. 당시 집필은 이종수· 전광석· 김대순· 신양균· 홍복기· 이철우· 석희태 교수께서 수고하셨습니다.

‘연세의 법학자들 Ⅱ’는 대상 인물의 선정에 있어서 ‘연세의 법학자들 Ⅰ’의 선정 원칙인 “연세법학의 정체성, 역사성 및 학문성에 부합하는 인물”이라는 기준을 계승하였고, 나아가 1960년 이후 최초 임용, 정년 퇴임(사망) 시까지 연세대학교에 봉직 그리고 2024년 이전 작고 등을 세부 기준으로 삼아 대상자를 선정하였습니다. 그 결과 9분의 교수님을 대상자로 최종 선정하고 집필 작업에 착수하였습니다. 이러한 소식을 들은 연세법학진흥재단(이사장 박상은)에서 2024년 12월 연세대학교 법학연구원에 후원금으로 1천4백만 원을 기부하였고, ‘연세의 법학자들 Ⅱ’의 원고료와 출판비 등을 후원금으로 충당할 수 있었습니다.

‘연세의 법학자들 Ⅱ’의 서술 대상이 되는 교수님들께서 봉직하셨던 1960년부터 2000년대까지는 한국 사회의 발전과 더불어 연세 법학의 발전이 비약적으로 이루어졌던 시기입니다. 1969년 ‘법학과창립 20주년 기념사업회’를 발족하여 법과대학의 독립을 추진하기 시작하였고, 법학과 전용의 기숙사 건립비용을 모금하여 1979년 법현학사를 준공하였으며, 1980년 12월 법과대학 신설안이 확정되어 정법대학 소속의 법학과에서 독립된 단과대학인 법과대학이 출범하였습니다. 1993년 6월 '법과대학발전위원회'를 구성하여 '연세 법과대학 비전 2010 계획'을 수립하였고, 그 실천방안의 일환으로 1994년 2월 '특허법무대학원'(현 법무대학원)을 개원하였습니다. 1995년 12월 동문회를 중심으로 '연세법학창립50주년기념사업회'가 결성되어 새로운 교육공간 마련을 위한 건축기금 50억 원 모금 운동을 전개하기 시작하였고, 이에 따라 2000년 4월 현재의 광복관이 착공되어 2001년 12월 완공되었습니다.

지금도 여러 면에서 부족한 환경 속에서 많은 교수님들이 학교와 학생에 대한 애정으로 봉직하고 있지만, 9분의 교수님들이 봉직하셨던 당시의 학교와 학계의 모습은 지금과 비교할 수도 없다는 것을 '연세의 법학자들 II'를 통해 확인할 수 있습니다. 연세대학교 법학과가 1981년 연세대학교 법과대학으로, 2009년 연세대학교 법학전문대학원으로 발전하면서, 사회의 개혁에 맞추어 그 이상으로 도약할 수 있었던 것은 교수님들께서 헌신적으로 봉직하면서 후학을 양성한 덕분이었음을 알 수 있었습니다. 2025년 연세법학이 한국 법학의 미래를 담당해야 한다는 시대적 소명을 '연세의 법학자들 II'를 통해 다시 한번 되새기게 됩니다.

마지막으로 '연세의 법학자들 II'의 출간에 도움을 주신 모든 분에게 진심으로 감사드립니다. 출간의 계획을 같이 고민해 주신 분들, 직접 원고를 집필하신 분들, 총서를 잘 출판해 주신 출판사 관계자분들, 출판의 재정적 후원을 해 주신 분들, 실무적인 일을 처리해 주신 법학연구원의 구성원들 모두에게 다시 한번 감사드립니다.

2025년 4월

연세대학교 법학연구원장 김정환

축사

윤태석
연세대학교 법학전문대학원장

《연세의 법학자들 Ⅰ》이 발간된 지 5년이 흐른 지금, 그 연속선상에서 《연세의 법학자들 Ⅱ》가 세상에 나왔습니다. 이 시리즈는 연세대학교에서 법학교육이 시작된 1921년을 기념하며 기획되었고, 연세대학교 창립 140주년을 맞아 그 뜻깊은 두 번째 권을 선보이게 되었습니다. 계획에 따라 시리즈가 충실히 이어져 온 점에 깊은 축하의 뜻을 전합니다.

《연세의 법학자들 Ⅰ》은 20세기 초중반 연세법학의 초석을 놓으신 일곱 분의 선각자들—유억겸 교수님을 비롯해 김기범, 박관숙, 정영석, 박원선, 함병춘, 김현태 교수님—을 기리며, 그분들의 학문적 유산을 되새기는 뜻깊은 작업이었습니다. 이분들은 연세법학의 선구자이자 중흥기를 이끄신 분들로서, 그 정신과 업적은 지금도 연세법학의 밑거름이 되고 있습니다.

이번에 출간된 《연세의 법학자들 Ⅱ》에서는 20세기 후반부터 21세기 초반까지 연세대학교 법학 교수로 봉직하시다 작고하신 아홉 분의 교수님—김정건, 김주수, 김홍규, 손주찬, 양승두, 이근식, 이정한, 이형국, 이화숙 교수님—의 발자취를 돌아보며 그 헌신과 열정을 기리고자 했습니다. 저 역시 이분들의 강의를 직접 들으며 배움을 얻었던 제자로서, 축사를 준비하는 동안 교수님들의 표정과 목소리, 그리고 따뜻한 인품이 생생히 떠올라 마치 그분들과 함께하는 듯한 경이로운 경험을 하였습니다.

이 책은 당시 그분들께 직접 사사한 이들은 물론, 뵙지 못한 후학들에게도 교수님들의 정신을 전해주는 귀한 다리 역할을 할 것입니다. 그분들께서 남기신 풍부한 연구 업적은 오늘날에도 후학들의 길을 밝혀주는 등불이 되고 있으며, 제자들을 향한 애정과 헌신은 지금도 많은 이들의 마음속에 큰 울림으로 남아 있습니다.

《연세의 법학자》 시리즈는 단순한 추모를 넘어, 고인들의 삶과 학문을 통해 연세법학의 정체성을 확립하고 자긍심을 고취시키는 데 큰 의미를 지닙니다. 더 나아가 대한민국 법학의 미래를 모색하는 데 소중한 지침이 되리라 믿습니다. 이번 출간이 교수님들의 뜻을 후학들에게 온전히 전하고, 그 정신이 앞으로도 이어지는 소중한 자산이 되기를 바랍니다. 아울러 향후에도 이 시리즈가 계속 이어져 나가기를 기대합니다.

다시 한번 《연세의 법학자들 II》의 출간을 진심으로 축하드리며, 기획과 집필에 헌신해 주신 김정환 법학연구원장님을 비롯한 모든 집필자 여러분께 깊은 감사의 마음을 전합니다.

차례

I

이근식(李根植) 교수

(1925~2007)

과학기술과 시대정신을 반영한 민법 연구의 선구자(先驅者)

집필자 서종희(연세대학교 교수)

I

이근식(李根植) 교수
(1925~2007)

과학기술과 시대정신을 반영한 민법 연구의 선구자(先驅者)

집필자 서종희(연세대학교 교수)

1 교육자로서의 이근식 교수님

아쉽게도 필자는 이근식 교수님을 뵌 적은 없다. 다만 이근식 교수님의 제자이신 박동진 교수(연세대학교 법학전문대학원)가 필자의 은사님이신 관계로 박동진 교수로부터 이근식 교수님에 대한 말씀을 전해 들은 것이 전부이다.[1] 그분의 인품과 성정(性情)에 대해서는 인연을 맺은 분들은 이구동성으로 온유하시고 배려심이 깊은 분으로 묘사한다. 이런 이유에서 연세법학 제7권 제1호(2000)는 "우전(牛田) 이근식 교수 송수 논문집"으로 발간되었는데, 민법뿐만 아니라 다양한 전공의 제자들의 25편의 훌륭한 논문으로 구성되어 있다.[2] 석희태 교수는 이근식 교수님을 이렇게 표현한다.[3]

> "사람들과의 어울림, 욕망의 절제와 평정된 마음가짐, 밝고 희망적이며 건강한 미래설계 등과 같은 일상적인 삶의 지혜로부터 시작하여 사회와 자연에 대한 사상, 학문의 자세에 이르기까지 온갖 삶의 요소를 바르게 정립하도록 해주는 지침을 가르쳐 받는 것이다. 그 가르침은 선생님의 말씀과 행동, 심지어는 걸음걸이와 표정 등 모든 것을 통하여 전달되는 바이다."

필자는 진심 어린 위 글귀를 통해 소설 속 주인공의 모습을 상상하듯 이근식 교수님의 외모와 목소리, 걸음걸이 등을 머릿속에 그려보면서 그분과 조우(遭遇)하고 수줍게 인사를 건네었다. 또한 2000년 5월 6일 연세대학교 백주년기념관에서 졸업 25주년 동문재상봉행사에서 "뵙고 싶은 은사 한 분 모시기" 행사가 있었는데, 1975년 졸업생 일동은 이근식 교수님을 모시었다고 하던데 이 또한 교육자로서의 모습을 사모한 제자들의 마음으로 이해된다.

한편 이근식 교수님은 1967년 8월부터 1974년 10월까지 7년 넘게 연세대학교 학생처장으로 봉직(奉職)하시면서 민주화 운동을 하던 학생들을 냉소와 방관이 아닌 시대의 비극을 함께 공감하면서 학생의 안위를 항상 최우선으로 걱정해 주셨다고 한다. 그 미담의 일환으로 석희태 교수는 다음과 같이 묘사한다.

> "돌과 최루탄이 범벅으로 교차하는 진중(陣中)에 애타는 모습으로 서 계시는 선생님을 거꾸로 보호하기 위해 시위학생 대표가 선생님을 업어서 병원으로 모신 일이나, 경찰관서에서 조사받는 학생들과 함께 철야하며 설렁탕을 사주시던 일 등은 질곡과 열정의 시기를 거쳐 반백을 넘긴 제자들에게 감동적이고도 슬픈 추억이 되어 있다."

석희태 교수는 학생처장이라는 난처하고도 고단한 직분으로 인하여 이근식 교수님의 중년의 건강을 희생한 것에 대해 안타까워한다.[4] 후학의 입장에서 보더라도 이근식 교수님의 왕성한 연구활동이 보직으로 인한 건강악화로 더뎌진 것은 연세민법학의 큰 손실이라서 매우 아쉬움이 남는다.

또한 교육자로서 이근식 교수님은 매우 이해하기 쉬운 이론전개와 강의를 통해 어려운 법학을 공부하는 학생들에게 학구적 용기와 희망을 안겨주었다고 한다. 법학이라는 학문이 가지는 성질상 처음에 받는 인상이 매우 중요하다는 점을 감안하면 이러한 이근식 교수님의 배려는 은연중 학생들의 존경과 사랑으로 나타났을 것이라고 판단된다. 더욱이 수업 중간에 들려주시는 이근식 교수님의 고전(古典)이나 고사(古事)의 교훈은 학생들에게 인문학적인 지식을 쌓아주어 삶을 대하는 자세를 고민하게 하고 법학 또한 인문학과 밀접한 연관이 있다는 점을 보여준 것으로 이해된다.[5] 이근식 교수님은 잡지 등의 칼럼이나 서평을 통해 본인의 철학과 인문학적인 소양을 후학들에게 보여주셨다. 예컨대 "이상과 현실"이라는 칼럼(광장 제7호, 세계평화교수협의회, 1973)을 통해서는 신의(信義)의 중요성을 강조하였으며, "악법도 법이다"라는 칼럼(광장 제12호, 세계평화교수협의회, 1974)에서는 인간의 존엄성을 중시하며 인간 그 자체가 목적이라는 칸트의 사고를 강조한다. 또한 켈젠(Hans Kelsen)의 저서인 『일반국가론』에 대한 서평(광장 제40호, 세계평화교수협의회, 1976)에서는 국가를 사회적 측면과 법적 측면의 양측에서 냉철하게 고찰한다.

마지막으로 이근식 교수님은 인간의 존엄성 및 평등권 등 헌법적 기본권을 보호하는 것이 법의 역할이라고 판단하면서 특히 민법에서의 남녀평등의 실현을 강조하면서[6] 민법 내 가족법이 가지는 문제점을 지적하시면서 남녀 차별적인 조항의 개선을 촉구한다. 이러한 그의 노력은 한편으로 보면, 헌법상 보장된 기본권규정이 사인 간에도 효력이 인정되어 기본권이 사인의 법률행위나 사인 상호 간의 법률관계에도 적용되는 제3자적 효력의 실현의 일환으로 볼 수 있다.

2 학자로서의 이근식 교수님

이근식 교수님은 재산법과 가족법은 나누고 양자 중 하나에 집중하였던 그 당시의 관행에 역행하였다. 민법인데도 양자를 구분하여 가족법 교수와 재산법 교수로 이분화하는 작금의 사태를 반성하면서 민법이라는 큰 틀에서 연구를 해야 한다는 최근의 목소리를 생각해 보면 그 당시의 이근식 교수님의 연구의 방향성은 그 자체로 존경받을 만한다.[7] 더 나아가 이근식 교수님은 그 당시 생소하다고 할 수 있었던 주제인 가등기담보, 소유권유보부매매, 할부매매, 부동산등기법,[8] 국제사법 등에 대한 깊은 연구를 통해 판례 및 입법에도 영향을 주었다. 이근식 교수님의 연구의 스펙트럼이 매우 넓어 이를 다 다룰 수 없다는 점에서 이하에서는 우리에게 시사하는 바가 큰 주제에 초점을 맞추어 논문을 소개해 보고자 한다.[9]

1. 법의 역할(임무)에 대한 고민

이근식 교수님은 "법의 임무"라는 칼럼(월간고시, 1984)에서 법의 역할에 대한 본인의 사고를 공유한다. 어찌 보면 법이 나아갈 방향과 법의 임무에 대한 혜안을 보여주었다고 할 수 있다. 법을 정립하는 것과 법을 적용하는 것은 전혀 다른 문제이다. 전자는 보편성을 추구하면서 입법적 지성을 통해 큰 도약(big jump)을 시도하는 실천이성의 영역인 반면에 후자는 적절성을 추구하면서 작은 도약을 해낼 수 있는 판단력의 영역이라고 할 수 있다. 입법자는 광범위한 재량을 가지고 있기 때문에 보다 다양한 방책을 활용하여 큰 그림(map)을 그릴 수 있는 반면에 해석자는 법률이라는 제약조건 아래 선택의 폭이 좁을 수밖에 없다. 이런 이유에서 입법은 매우 중요하다. 다만 입법자의 법창조는 전적으로 입법자의 임의적이고 자유로운 결정이 아닌 역사적으로 농익은 일획에 지나지 않는다는 점을 간과해서는 안 된다. 판례가 수많은 학리해석과 동떨어진 채 갑자기 등장한 것이 아닌 것처럼 입법자의 입법적 결단도 마찬가지이다. 이런 이유에서 라드부르흐(Radbruch)는 입법자의 창조적 일필이 시인의 일필(一筆)이나 장군의 일검(一劍)처럼 자의적인 것은 아니라고 평가한다. 입법자는 사회의 목소리를 경청해야 하며, 사회에서 어떤 내용이 구전되는지를 확인하여 그를 존중하여 입법적 결단을 내려야 한다. 이상적인 국가에서는 국민의 여론이 법에 바르게 반영되어야 한다. 특히 법은 그 사회의 시대정신과 과학기술을 담아야 한다. 양자를 담지 못하는 법은 본연의 기능을 상실한다. 이근식 교수님은 이 점을 고려하여 민법학의 연구에 있어서도 시대정신과 과학기술을 반영하는 것에 초점을 맞춘다.

2. 과학기술을 반영한 민법학: 보조생식기술과 친자법

보조생식(Assisted Reproduction)기술의 발달에 의해 정자와 난자를 추출하는 것과 정자와 난자를 체외에서 수정하여(IVF, In Vitro Fertilization)

배아를 만드는 것도 가능하게 되었다. 동시에 배아를 여성의 자궁에 착상시키는 것(ET, Embryo Transfer)도 쉽게 가능하게 되었다. 이근식 교수님은 국내에서 가장 먼저 이 문제에 대해 접근한다. 과학기술의 변화에 따른 제도의 개선은 법이 나아가야 할 가장 근본적인 방향이라는 점을 고려하면 이근식 교수님의 법학자로서의 역할은 매우 선지자적이라고 할 수 있다.

체외수정에 의한 배아의 이식은 정자와 난자 제공자가 누군지에 따라 4가지 유형으로 세분화할 수 있다.

정자제공자	난자제공자	배아
남편	아내	제1유형
남편	제3자	제2유형
제3자	아내	제3유형
제3자	제3자	제4유형

먼저 배우자 간 인공수정(AIH, Artificial Insemination by Husband)으로 출생한 자의 법적 지위에 대해 살펴본다. AIH는 남편의 정자를 이용한 인공인심을 의미하는데, 이는 남편의 정자를 아내의 자궁 내의 난자와 수정시키는 것뿐만 아니라 남편의 정자와 아내의 난자를 체외수정하고 아내의 자궁에 착상시키는 소위 배우자 간 체외수정(Homologous IVF) 및 까지 포함한다. 더 나아가 비배우자 간 체외수정(Heterologous IVF) 중 제2유형에 속하는 남편의 정자와 제3자가 제공한 난자를 체외수정한 경우에도 AIH의 범주에 포함된다.

남편의 정자와 아내의 난자를 체외수정(AIH)하여 아내의 자궁에 착상시켜(제1유형) 출생한 자녀가 민법 제844조의 친생추정에 의해 남편의 자녀로 친생추정이 미치는지가 문제된다. 이근식 교수님은 제1유형의 경우에는 체외에서 배아를 형성하였다는 것에 대한 거부감은 있을 수 있으나 남편과 아내의 정자와 난자로 수정된 배아라는 점에서 인공수정 없이 태어난 자녀와 차별을 둘 필요가 없다고 본다.[10)]

한편 이근식 교수님은 남편의 정자와 제3자의 난자를 체외수정하고 아내의 자궁에 착상시켜 태어난 자녀의 경우(제2유형)에도 민법 제844조의 친생추정이 미친다고 보며 모자관계는 출산을 통해 형성되므로 그 자체로 모자관계는 인정된다고 본다.[11)]

요컨대 AIH에 의해 출생한 자의 경우에 남편의 아내가 출산하였다면 그 아내의 난자가 사용되었는지를 불문하고 아내가 그 자녀의 모가 될 것이고 민법 제844조에 의해 남편은 그 자녀의 부로 추정된다.

다음으로 아내의 난자와 제3자 제공의 정자를 이용하는 비배우자 간 인공수정(AID)에 의하여 출생한 자가 부의 친생자로 추정을 받는 경우에 부의 동의가 있은 때에도 원칙적으로 부가 친생부인의 소를 제기할 수 있는가의 문제가 있다. 이에 대하여 학설은 부가 제공자의 정자에 의한 인공수정에 동의한 때에는 친생부인의 소를 제기할 수 없다는 부정설과 할 수 있다는 긍정설로 나뉜다. 이근식 교수님은 부정설의 입장이다. 그 논거는 다음과 같다.

> "부가 비배우자 간 인공수정에 대하여 동의한 후 이를 통해 출생한 자에게는 친생자추정을 인정할 뿐만 아니라 민법 제846조와 제847조의 적용을 배제하여 친생부인권을 행사할 수 없다. 정자제공자의 정자에 의한 인공수정 시술에 동의한 夫가 나중에 변심하여 부인권을 행사한다는 것은 신의칙 내지 금반언의 법리(Estoppel Rule)에 반하기 때문에 이를 부정하여야 하고,

친생부인권은 혈통관계의 확립보다는 자의 지위보호에 비중을 두고 있다."

특히 이근식 교수님은 인공수정자는 부의 동의에 의하여 출생한 자이므로, 동의한 부의 이익과 인공수정자의 이익을 형량할 때 인공수정자에게 비중을 두는 것이 타당하다고 본다.[12)]

이근식 교수님은 헌법의 관점에서 보면 비배우자 간 인공수정은 정자제공자나 자를 원하는 부(夫)의 인간존엄을 침해할 우려가 있다. 남편의 동의를 얻지 않고 비배우자 간 인공수정을 한 때에는 심각한 배신행위로서 민법 제840조 제1항 제6호의 기타 혼인을 계속할 수 없는 중대한 사유에 해당하여 "남편으로부터의 이혼청구가 인용될 여지도 없지 않다."라고 본다.[13)]

3. 시대정신과 사회변화를 반영한 민법학: 파탄주의 이혼과 가등기담보 등

1) 파탄주의 이혼의 인정

민법 제834조는 부부는 협의에 의하여 이혼할 수 있다고 규정하고, 제840조 제1호에서 제6호까지에서는 가정법원에 이혼을 청구할 수 있는 재판상 이혼원인 여섯 가지를 열거하고 있다. 종래[14)]부터 대법원은 재판상 이혼원인에 대하여 유책주의에 따른 것으로 해석하면서 유책배우자의 이혼청구를 배척하여 왔다.

대법관 7:6으로 유책주의 이혼원칙을 가까스로 유지한 대판(전) 2013므568은 유책배우자의 이혼청구사건 관련, 이혼원인으로 유책주의를 재확인하면서 우리나라는 파탄주의의 한계나 기준, 그리고 이혼 후 상대방에 대한 부양적 책임 등에 관해 아무런 법률 조항을 두고 있지 않을 뿐만 아니라 간통죄를 폐지한 마당에 중혼에 대한 처벌규정이 없는 상황에서 이에 대한 아무런 대책 없이 파탄주의를 도입한다면 법률이 금지하는 중혼을 결과적으로 인정하게 될 위험이 있음을 지적하였다.

이근식 교수님은 혼인파탄의 원인이 다양하여 이혼원인이 한정적으로 법률에 열거되어 있는 유책주의로는 모든 혼인파탄에 대처하기 어려운 점을 오래전부터 지적하였고 이는 현재에도 유력한 비판의 논거가 된다.[15] 즉, 유책주의는 이혼을 제한하기 위하여 혼인의무를 위반하는 유책의 사유를 미리 정형화할 필요가 있고, 그 기술방식으로는 제한적 열거주의라는 정적인 절대적 이혼원인의 방식을 채택하므로, 법정이혼원인은 엄격하고 명백하게 제한될 수밖에 없게 되어 그 구체적인 원인 중의 어느 하나에 해당하지 않는 한 이혼이 허용되지 않는다는 것이다.[16]

제840조 제1호의 이혼사유 유무 판단에서 간통이 혼인파탄에 어떤 영향을 줄지를 고려할 것인지에 대해(상대적 이혼사유화) 이근식 교수님은 누구보다 먼저 정치한 이론을 전개하였다. 요컨대 이근식 교수님은 민법 제840조 제1호 내지 제5호의 사유는 제6호의 예시에 불과하므로 제1호 내지 제5호의 사유가 있을 때에도 그로 인하여 혼인을 계속할 수 없을 정도에 이르러야 비로소 재판상 이혼사유가 된다는 입장을 취한다.[17]

2) 가등기담보

민법상 전형담보인 저당권이 아니라 비전형담보로서 가등기담보 및 양도담보 등이 활용되고 있다. 이에 가등기담보등에 관한 법률(이하 '가등기담보법')이 제정되어 이를 규율하고 있으나 가등기담보법이 적용되지 않는 가등기담보는 여전히 존재한다. 현재에도 비전형담보로서 논의가 잘 되지 않는 영역이라고 할 수 있는데 이근식 교수님은 가등기담보에 대해 깊은 연구를 하였다.

일반적으로 가등기담보를 구성하는 것이 대물변제의 예약에 의한 것인가 매매의 예약에 의한 것인가 하는 것이 문제가 되는데, 전자는 채무불이행으로 인하여 채무자(또는 제3자) 소유의 부동산을 대물변제로서 채권자에게 귀속시키는 경우이나, 후자는 채무자(또는 제3자) 소유의 부동산을 채권자가 매수하고 피담보채권으로써 매매대금에 충당시키는 경우이다. 이근식 교수님은 가등기담보의 유형으로 매매의 예약에 의하는 경우도 있지만 대부분의 대물변제의 예약에 적용된다고 보아 당시의 통설과는 다른 입장을 보였다.[18]

더 나아가 가등기담보에 대한 법리 이해에 있어 이근식 교수님은 채무자의 보호에 초점을 맞추어 소비대차로 인하지 않고 생긴 채권의 담보를 목적으로 하는 경우에도 폭리행위 내지 탈법행위의 가능성이 있다고 본다. 이러한 경우에는 반사회질서(민법 제103조) 또는 불공정한 법률행위(민법 제104조) 또는 탈법행위의 법리로서 그 행위의 무효여부를 판단하면 된다고 본다.[19] 더 나아가 이근식 교수님은 일정범위에 속하는 불특정의 채권을 최고액까지 담보하는 가등기담보 이른바 근가등기담보를 설정하는 것도 가능하다고 인정하다고 본다.[20]

또한 이근식 교수님은 가등기담보의 경우에 정산의무를 채권자에게 부여하였으며,[21] 정산을 하지 않기로 하는 특약은 민법 제607조 및 제608조에 의해 무효라고 본다.[22] 더 나아가 이근식 교수님은 가등기담보에 의해 경매에서의 매수인의 보호가 문제된다는 지적을 통해 경매시장에서의 가등기담보가 가져오는 문제점을 적절하게 지적한다.[23]

3) 소유권유보부 매매

소유권유보부 매매의 법적성질에 대해서 정지조건부 소유권이전설을 취하는 통설과 판례와 달리 이근식 교수님은 부동산 소유권유보부 매매를 인정하면서[24] 이를 양도담보로 보아 '신탁적 소유권 이전설'을 취한다. 신탁적 소유권 이전설에 따라 소유권유보부 매매에 있어서도 내내적 소유권과 대외적 소유권을 관계적으로 분열시켜 대외적으로는 매도인이 대내적으로는 매수인이 소유하는 것으로 본다.

즉 이근식 교수님은 일단 소유권은 매수인에게 이전되고 매수인이 이를 다시 매도인을 위하여 양도담보권을 설정한 것과 동일한 법률관계로 보아 소유권유보에 있어서도 양도담보의 경우와 마찬가지로 소유권이 매도인과 매수인에게 분속되어 있다고 생각한다.[25] 이러한 이론구성은 잔존대금액이 감소함에 따라 변동하는 당사자의 경제적 지위에 따른 법률관계를 형성할 수 있다는 장점이 있다.[26]

다만 이근식 교수님은 양도담보에 있어서는 피담보채권과 양도담보권은 각각 별개의 계약관계로부터 발생하고 양자를 연결하고 있는 것이 부종성의 원칙이지만, 소유권유보에서는 피담보채권인 대금채권과 유보소유권이 매매라고 하는 하나의 계약관계에 있어서의 채권관계와 물권관계이며 이 점이 양도담보와의 차이라고 본다. 예컨대 소유권유보에 있어서의 담보의 실행은 대금채무의 불이행에 의한 매매계약의 해제에 의한다는 것이다. 그럼에도 불구하고 이는 형식적 차이일 뿐이고 실질관계에 있어서는 거의 차이가 없다고 한다.[27] 따라서 소유권유보에 관하여도 양도담보에 관한 판례나 학설을 참고하여 해석해야 한다는 것이다.[28]

한편 매수인의 점유를 통한 사용·수익권의 근거에 대해서는 매매계약을 기초한 것으로 유보매수인의 당연한 권리라는 견해[29]가 지배적이었으나 이근식 교수님은 매수인에게 대내적 소유권이 있으므로 원칙적으로 매수인은 실질적으로 소유자이므로, 자유롭게 목적물을 사용·수익할 권리가 있다고 이해한다.[30] 그 연장선에서 이근식 교수님은 매수인이 목적물을 보관함에 있어서 하여야 할 주의의 정도에 관하여는 다른 특약이 없으면 지기 재산에 대한 것과 동일한 주의의무를 진다고 해석해야 하는데, 이는 매수인이 실질적으로 목적물의 소유자이기 때문이라고 한다.[31] 또한 이근식 교수님은 매도인은 우선변제청구권자로서 배당요구를 할 수 있다고 본다.[32]

한편 이근식 교수님은 실제로는 자유로운 사용·수익을 제한하는 특약이 있는 경우가 많으며, 그러한 특약이 있는 경우에는 매수인은 이 제한하에서만 목적물을 사용·수익할 수 있다고 한다.[33] 즉 이근식 교수님은 매수인의 처분권을 제한하거나 사용수익권을 제한하는 특약이 가능하다고 본다.[34]

4) 부동산등기의 공신력

현대사회에서 부동산 거래는 교환가치가 비교적 크고 그 절차 등이 쉽지 않게 행해지기 때문에 거래 상대방은 등기부의 권리상태를 신뢰하고 거래하는 경우가 대부분이다. 부동산 등기에 의하여 공시된 내용을 믿고 거래한 자가 있는 경우에 그 등기가 진실한 권리관계와 일치하고 있지 않더라도 그 선의자의 신뢰를 보호하여야 한다는 원칙이 등기의 공신력이다.

우리 민법은 부동산등기의 공신력에 대하여 인정하지 않는다. 따라서 부실등기의 문제뿐만 아니라 그 폐해도 심각하므로 그에 대한 대책으로 등기의 공신력을 인정하여야 한다는 주장이 유력하다. 이근식 교수님도 이러한 주장을 오래전부터 하였다.[35] 특기할 만한 부분은 이근식 교수님의 '상대적 공신설'이라는 용어이다.[36] 상대적 공신설이라는 것은 일부 조항에 의해 선의의 제3자가 보호되는 것을 표현한 것이다. 예컨대 민법상 선의의 제3자보호 규정인 제107조 제2항, 제108조 제2항, 제109조 제2항, 제110조 제3항 등의 경우에는 무권리자인 부동산소유자라 할지라도 그 외형인 등기를 신뢰하고 이와 거래를 한 때에는 보호를 받게 되므로 마치 부동산등기의 공신력이 인정되는 것과 같은 결과가 되는데 이를 이근식 교수님은 '상대적 공신설'이라고 명명한다.[37] 이근식 교수님의 등기의 공신력에 관한 사고는 다음과 같다.[38]

> "독일민법은 부동산 등기의 공신력을 명문화하고 있으며 스위스민법에도 그 영향을 주었다. 부동산물권변동에 있어서 현행 우리 민법은 프랑스법에 영향을 받은 의용민법을 버리고 형식주의를 취하는 독일민법을 채용하였다. 그러나 정작 독일민법이 정하고 있는 부동산등기의 공신력은 우리 민법에 규정하지 않았다. 우리 민법의 제정 당시에 공신력을 인정할 경우 희생되는 진정한 권리자가 생기지 않도록 하는 등기제도의 정비가 선행되어 있지 않아서 위 원칙이 규정되지 않은 사정 등이 있었을 것이다. 그러나 등기제도는 거래의 안전을 보호하기 위한 것이고, 이제는 민법 제정 당시와 사회 · 경제사정이 다르고 필요한 제도 등도 구비할 수 있음을 볼 때 더 이상 등기의 공신력의 불비를 방치할 수는 없다."

4. 거인의 어깨를 빌려준 민법학: 위자료

이근식 교수님은 '위자료'에 관한 연구를 통해 후학들에게 거인으로서의 높은 어깨를 빌려주었다. "위자료산정에 관한 연구(1974)"는 이근식 교수님의 박사학위 논문 주제이며, 그 밖에도 위자료와 관련된 주제의 글은 수십 년에 걸친 이근식 교수님의 핵심적인 연구분야이다.[39] 이에 이하에서는 이근식 교수님의 위자료와 관련된 학문적인 성과를 중심으로 소개하고자 한다.

1) 재산권 침해와 위자료

민법 제751의 의미와 기능을 이해함에 있어 민법 제750조와의 관계는 매우 중요하다. 그 이유는 우리 민법 제750조에 "고의 또는 과실로 인한 위법행위로 타인에게 손해를 가한 자는 그 손해를 배상할 책임이 있다"고 규정하면서, 다시 제751조 제1항에서 "타인의 신체, 자유 또는 명예를 해하거나 기타 정신상의 고통을 가한 자는 '재산 이외의 손해'에 대하여도 배상할 책임이 있다"고 이원적으로 규정하고 있기 때문이다. 이러한 이원적 규정형식 때문에 제750조의 '손해'의 개념 속에 재산적 손해뿐만 아니라 정신적 손해가 포함되는지가 매우 중요한 쟁점이 되며, 그 여부에 따라 제751조 제1항의 의미는 달라지게 된다. 즉 민법 제750조의 '손해'개념에 정신적 손해가 포함되지 않는다면 민법 제751조 제1항은 민법 제750조에 대한 특칙으로서 별도의 책임의 근거규정이 되지만 반대의 경우라면 민법 제751조 제1항은 주의적 규정에 불과하다.

현재 다수설은 제750조의 '손해'의 개념 속에 정신적 손해가 포함된다고 보면서, 제751조를 제750조의 주의적·예시적 규정으로 이해하고 있다.[40] 더 나아가 다수설은 제751조에 열거되어 있는 신체·자유·명예 외에 정조·성명·초상이나 프라이버시 등의 법익이 침해된 경우에도 제750조에 의해서 위자료청구권이 인정된다고 본다. 결과적으로 이러한 다수설에 의하면 불법행위에 의한 법익침해의 경우에는 제751조에 열거된 신체, 자유, 명예뿐만 아니라 프라이버시, 성적 자기결정권, 초상권 등 인격적 이익은 물론이고 나아가 재산권이 침해된 경우에 대해서까지 광범위하게 제750조에 의해서 위자료청구권을 인정할 수 있게 된다. 판례[41]도 다수설과 같은 입장이다. 비록 민법 제750조와 제751조와의 관계를 명백히 언급한 판결은 없지만, 관련 판례들을 살펴보면 제751조는 제750조에 대한 특칙으로 규정한 것이 아니고 제750조가 규정한 '손해' 가운데에는 '비재산적 손해(정신적 손해)'도 포함한다는 것을 명백히 하기 위하여 주의적으로 규정한 것으로 이해한다. 결국 다수설이나 판례[42]는 민법 제750조를 불법행위로 인한 손해배상 즉, '재산적 손해배상'이건 '비재산적 손해배상'이건 묻지 않고 일률적으로 규율하는 원칙규정으로 본다. 이와 같이 제750조를 이해한다면, 결국 비재산적 손해배상을 위한 근거규정으로는 제750조만으로 족하고 제751조는 無用한 규정이 될 수밖에 없다.[43]

반면에 이근식 교수님은 비재산적 손해 배상청구권이 제751조에 열거된 이익이 침해된 경우에 한하지 않는다고 보면서도 제750조와 제751조를 독립적인 규정으로 이해하면서, 위자료청구권의 근거가 되는 조문은 제751조이고 제750조는 재산적 손해만을 규율하는 배상규정이라고 본다. 즉 제751조는 순수한 인격권 침해에 대한 정신적 손해의 배상만을 규율하는 독립적 규정이므로 제751조에서 규정한 침해는 인격권 침해로 제한되기 때문에 현행법 규정상 재산권침해에 대한 위자료청구권의 법적 근거는 없다고 한다.

이근식 교수님는 그 근거로 다음과 같은 두 가지 이유를 제사한다. 첫째, 다수설은 위자료의 본질을 순수한 손해배상으로 보지만 위자료의 본질은 순수한 손해배상만이 유일한 것이 아니다. 둘째, 가족법에서 개별적으로 인정하는 위자료에 관한 규정들을 모두 주의적 규정으로 볼 수 없는 것과 마찬가지로 제751조도 주의적 규정이 될 수 없다.[44] 이에 대해 일부 견해는 민법규정을 보면 제806조 제2항(약혼의 해제)에서 위자료를 인정하고 있으며, 제825조(혼인의 무효, 취소), 제843조(재판상 이혼), 제897조(입양의 무효, 취소), 제908조(재판상 파양) 등에서 제806조를 준용하고 있으나, 가족법상의 위자료청구권과 제751조상의 위자료청구권은 본질에 있어서는 불법행위로서 서로 같을지라도, 재산법의 영역에서 규정된 제751조와는 별개로 가족법의 독자적인 체계에 따라 규정된 것으로 이해한다.[45]

이근식 교수님의 견해에 찬동하지 않더라도 현행법상으로는 충분히 생각해 볼 수 있으며 이 또한 하나의 이성적 판단이라는 점에서 민법 개정을 통해 민법 제751조의 조문을 명확하게 할 필요가 있다.

2) 위자료의 기능

엄격한 의미에서는 아니라고 하더라도 위자료의 지급에 의해서 정신적 손해가 전보 내지 배상되는 것으로 이해할 수 있다면, 위자료는 손해전보기능을 가지고 있음에 틀림이 없다. 그러나 위자료는 손해의 전보기능뿐만 아니라 다른 기능, 즉 만족기능을 가진다고 평가된다. 그러나 이근식 교수님은 위자료의 만족기능에 대해서 다음과 같이 기술한다.

> "위자료의 본질을 배상설로 보는 견해[46]는 만족적 기능을 금전이 주는 만족감에 중심을 둔다.[47] 즉 위자료의 만족적 기능을 금전의 만족적 기능으로 이해하는 것이다. 그러나 금전의 만족적 기능은 위자료의 만족기능과는 별개의 것이다."

이러한 분석은 정확하다고 판단되며, 만족기능을 전보를 통한 반사적이고 부수적인 기능에 불과하다고 보는 것이 타당할 것이다.

3) 위자료의 산정 시 고려상황

위자료의 산정은 법원의 직권재량이라는 점에서 그 액수를 가늠하기가 매우 어렵다. 특히 우리 판례는 이를 고려하며 여러 가지 상황을 종합적으로 고려하여 위자료를 산정한다. 이근식 교수님은 위자료 산정 시 고려해야 할 요소로 피해자의 생활상태를 제시한다. 즉 이근식 교수님은 위자료의 목적은 피해자에게 생활상의 위안이 가능한 상태로 만들어 줌으로써 피해자로 하여금 일시적으로 고통을 망각 또는 경감시키는 것이라고 이해한다. 그런 의미에서 법원은 피해자의 생활 상태를 고려하여 위자료액을 산정할 필요가 있다고 강조한다. 이근식 교수님의 사고는 결국 다른 피해자보다 양호한 생활상태에 있는 피해자에게는 보다 소액의 위자료를 가지고도 침해행위 전의 생활상태로의 회복이 가능하다는 결론에 이른다.[48]

판례는 위자료를 산정함에 있어서 피해자의 재산상태와 아울러 가해자의 재산상태도 함께 고려한다. 일부 견해는 가해자가 빈곤한 때에는 그로부터 소액의 위자료를 받더라도 가해자에게 경제적 고통을 주게 되므로 피해자는 만족할 수 있다고 한다. 그러나 이근식 교수님은 위자료의 본질을 순수한 배상설의 입장에서 바라보면서 가해자가 빈자이건 부자이건 피해자가 느끼는 고통은 동일하다는 의미에서 가해자의 재산상태를 고려할 필요가 없다고 적절한 비판을 가한다.[49]

4) 위자료의 상속

위자료 청구권이 피상속인의 상속인에게 상속되는지에 대해서는 오래전부터 논란이 있었다. 먼저 당연상속설은 위자료청구권의 상속을 긍정하는 견해이며 판례와 통설[50)]의 입장이다. 이론적 근거에 대해서 살펴보면 우선 중상 후 얼마간 생존해 있다가 사망한 경우와 즉사한 경우에 차이를 두는 것은 부당하다고 한다.

판례·통설은 생명침해의 경우에 일실이익배상에 관하여, 사망자가 기대수익까지도 포함하여 재산적 손해배상청구권을 취득하고 사망으로 인하여 상속인에게 그 권리가 승계된다고 하는 바, 위자료청구권에 있어서도 그 軌를 같이 하기 위하여 사망자가 생명침해 그 자체를 이유로 위자료청구권을 취득하고 그의 사망 시에 상속인에게 승계된다고 한다. 그 이론적 논리 구성에 대해서는 크게 시간적간격설, 극한개념설, 인격존속설, 인격승계설로 나뉘는데 이근식 교수님은 시간적간격설의 입장이다. 판례가 취하는 입장이기도 하다. 이근식 교수님은 즉사한 경우에도 피해자가 치명상을 입은 때와 사망한 때와의 사이에는 이론상 또는 실제상으로 시간적 간격이 있을 것이므로 피해자는 치명상을 입었을 때에 곧 위자료청구권을 취득한다고 본다.[51)]

5. 판례의 중요성을 강조한 민법학자

지금은 판례평석이나 판례가 민법학 연구에 매우 중요하게 판단되고 있지만 이근식 교수님께서 학자로서 활동하던 시기에는 성문법주의를 취하고 있는 현실에서 판례에 대한 분석은 그리 중요하게 여겨지지 않았다. 그럼에도 불구하고 이근식 교수님은 1960년대부터 판례에 대한 중요성을 고려하여 다수의 판결에 대한 평석을 통해 판례가 가지는 의미와 그 한계를 분석하고 개선해야 할 점 등을 제시하였다. 다수의 판례평석이 있으나 본고에서는 가장 기억에 남을 만한 2편의 평석에 대해 언급하고자 한다.

먼저 민법 제104조의 불공정한 법률행위의 요건과 관련된 대법원 1977. 12. 13. 선고 76다2179 판결에 대한 평석[52)]을 살펴보고자 한다. 대판 76다2179에서는 법률행위가 현저하게 공정을 잃었다고 하여 곧 그것이 궁박, 경솔 또는 무경험으로 이루어진 것이라고 추정되는 것은 아니라는 점을 재확인한 후, "매매가격이 시가의 약 8분의 1 정도로 현저한 차이가 있고 매도인이 평소 어리석은 사람인 것이 인정되며 또한 매수인은 이건 부동산을 매수한 후 약 3개월 후에 매수가격이 4.5배 정도로 전매한 경우 특별한 합리적인 근거를 찾아 볼 수 없는 사정이라면 이는 매도인의 경솔, 무경험에 인한 것이며 매수인이 그 사정을 알고 이를 이용함으로써 이루어졌다고 추인할 수 있다."라고 본다. 이에 대해 이근식 교수님은 민법 제104조를 해석함에 있어서 거래의 안전이라는 견지에서 매우 신중하게 판단해야 한다는 점을 강조한다. 특히 미법 제104조에 의한 무효는 선의의 제3자를 보호하는 규정을 두고 있지 않다는 점, 거래의 대상이 부동산인 경우에는 민법 제249조 이하의 선의취득에 의해서도 보호받을 수 없다는 점 등을 고려하면 선의의 전득자 등이 불측의 손해를 입게 된다. 이러한 점을 고려하여 이근식 교수님은 상대방의 궁박, 경솔 또는 무경험이라는 민법 제104조의 "주관적 요건" 중 하나만 충족되어도 된다는 판례의 입장에 반대하면서 위 요건 모두가 충족되어야만 민법 제104조에 의해 무효가 되어야 한다고 본다. 이근식 교수님은 이렇게 이해하는 것이 "동적안전(動的安全)과 정적안전

(靜的安全)의 요청을 잘 조화"시키는 방법이라고 한다. 그 주장에 대해 찬동할 것인지는 차치하더라도 이근식 교수님의 "동적안전과 정적안전의 조화"를 강조한 해석론은 우리에게 시사하는 바가 크다.

다음으로 부첩관계를 해소하면서 한 금전지급약정이 민법 제103조의 공서양속에 반하는지에 대해 판단한 대법원 1980. 6. 24. 선고 80다458 판결에 대한 평석[53]을 검토해 보고자 한다. 대판 80다458은 원심과 달리 "피고가 원고와의 부첩관계를 해소하기로 하는 마당에 그동안 원고가 피고를 위하여 바친 노력과 비용 등의 희생을 배상 내지 위자하고 또 원고의 장래 생활대책을 마련해 준다는 뜻에서 금원을 지급하기로 약정한 것이라면 부첩관계를 해소하는 마당에 위와 같은 의미의 금전지급약정은 공서양속에 반하지 않는다고 보는 것이 상당하다."라고 본다. 이근식 교수님은 부첩계약의 해소라는 점,[54] 금전지급의 목적이 노력과 비용 등의 희생을 배상 내지 위자하는 성격 및 생활대책을 위한 자금마련의 성격을 가지고 있다는 점 등을 고려하여 위 지급약정은 공서양속에 반하지 않는다고 본 대판 80다458의 입장에 찬동한다. 특히 이근식 교수님은 "사실혼관계가 아닌 부첩관계 자체를 인정하는 결과가 되지 않겠느냐 하는 염려도 없지 않으나 본건과 같은 경우에 금품지급의 합의가 자유롭게 이루어진 이상 이것을 이행하는 것이 타당하다는 판단은 구체적 타당성 있는 것이라고 할 수 있을 것이다."라고 하면서 대판 80다458이 획기적인 판결로서 의미를 가진다고 본다.

생각건대 민법전의 체계적 해석론의 전개를 사명으로 하는 민법학 연구에서 해석론의 요체는 판례를 통해 형성된 법리를 분석하고 비판하는 것이다. 즉, 어떤 주세나 조문과 관련하여 어느 정도의 판례가 형성되어야만 해석론의 전개가 의미를 가지게 된다. 판례 없는 해석론은 공허(空

虛)하다고 할 수 있다.[55)]

논리의 합리성과 일관성은 민법학의 우선적인 가치이다. 전원합의체 판결의 다수의견과 소수의견에서 확인되는 논쟁들에서 수준 높은 논리의 향연을 확인할 수 있다. 다수의견의 로고스(logos)나 소수의견의 파토스(pathos)의 대립을 확인할 수도 있으며, 논리성은 자체목적이 아니라 판결의 설득력을 높이고 또한 일관성(coherence)을 확보함으로써 예측가능성을 높이는 것을 목적으로 한다는 것을 확인할 수도 있다. 특히 이근식 교수님은 모든 논리적 주장의 궁극적인 목표는 그러한 논리의 전개와 개발이 과연 해당 분쟁의 영역에서 얼마나 더 합리적이고 설득력 있는 해결책을 제시하는데 효율적으로 기여하는 것에 있다고 본다. 이를 통해 이근식 교수님은 분쟁의 효율적이고 선도적인 해결이라는 목적적 관점을 항시 놓지 않아야만 논리 자체의 미로에서 헤매는 낭비를 줄일 수 있다는 점을 보여준다.

3 후학으로서의 다짐

역사적인 경험에서 알 수 있듯이 혁명은 과거의 역사 속에서 시나브로 준비된 일격이라고 할 수 있다. 이런 의미에서 법철학자인 드워킨(Dworkin)은 법관의 판단에 대하여 연작소설(chain novel)을 쓰는 참여자에 비유한 바 있다. 같은 맥락에서 로버트 K. 머튼은 "모든 창조자는 시공간에서 타인에게 둘러싸여 있고 죽은 자와 산 자를 불문하고 수많은 타인에게 개념, 맥락, 도구, 방법론, 데이터, 법칙, 원칙, 모형을 물려받는다."라고 말한다. 이근식 교수님의 업적은 후학들에게 큰 귀감을 줄 것이며, 저를 포함한 후배 교수들의 연작을 통해 계속 남아 있을 것이다. 필자 또한 이근식 교수님께서 빌려주신 높은 어깨에 서서 더 멀리 보고 더 높게 보겠으며 특히 소멸시효(제척기간)[56]와 비재산적 손해배상에 관한 연구를 통해 이근식 교수님의 연구에 대한 연작에 참여할 것을 다짐한다.

이근식 교수님은 여러 논문에서 다른 사유를 위한 용기를 낼 필요가 있으며 이를 위해서는 다양한 접근방법을 시도해야 한다는 점을 직·간접적으로 보여주고 있다. 이는 칸트가 <계몽이란 무엇인가에 대한 답변>에서 제공한 조언 '너 자신의 지성을 사용할 용기를 가져라!(Sapere aude!)'를 다시 한번 생각해 보게 한다. 이 용기가 후학들에게 전해져 연세법학만의 학문적 아우라를 하늘에서 지켜봐 주시기를 기원하면서 부족한 글을 이근식 교수님께 봉정(奉呈)한다.

이근식(李根植) 교수 연보(年譜)

연 도	내 용
1925년	평안북도 철산군 여한면 상석리에서 출생
1943년	일본 희로(姬路)고등학교 문과 졸업
1943년	일본 도호쿠대학(東北帝国大学) 법문학부 입학
1947년	서울대학교 법과대학 졸업
1948년	서울 중앙고등학교 교사
1953년~1961년	전북대학교 상과대학 교수
1958년	미국 튜레인(Tolane)대학교 대학원 수료
1961년~1990년	연세대학교 정법대학 부교수 연세대학교 법과대학 교수, 법과대학장, 학생처장 등 역임
1973년~1975년	한국법학교수회 제4대 회장
1974년	연세대학교 법률문제연구소(현 법학연구원)장
1975년	연세대학교 법학박사
1985년~1986년	일본 게이오대학(慶應大學) 방문교수
1990년	정년퇴임
1991년~2007년	연세대학교 법과대학 명예교수
2007년	작고

미주

1) 필자는 문헌을 통한 간접경험을 통해 이근식 교수님을 더 깊게 알고 싶었지만 이근식 교수님의 생애 및 연구업적을 정리한 문헌이 없다는 점에 아쉬우면서도 매우 속상하였다.

2) 참고로 논문집에는 그분의 박사 제자이신 석희태 경기대학교 법과대학 명예교수가 "송축사"를 작성하였으며(10면 이하), 석사 제자인 박동진 연세대학교 법학전문대학원 교수가 "과실상계에서의 과실의 의미"라는 주제의 논문을 작성하였다(211면 이하).

3) 석희태, 앞의 논문, 10면.

4) 석희태, 앞의 논문, 10면.

5) 석희태, 앞의 논문, 10면에서는 "학생들의 지성과 교양을 살찌우는 값진 영양소가 되었다."라고 표현한다.

6) 이근식, "민법에 있어서의 남녀평등", 고시연구, 1983; 이근식, "우리가족법에 있어서의 남녀평등", 월간고시, 1980; 이근식, "가족법의 토착화 – 남녀평등의 입장에서", 사회과학논집 제5권, 연세대학교 사회과학연구소, 1972, 115면 이하 등.

7) 현재 민법이 재산법과 가족법으로 분리되어 연구되는 경향은 나카가와 젠노스케(中川善之助) 이래의 1930년대 후반 일본 민법학의 영향이 적지 않다.

8) 1969년 2월부터 1970년 2월까지 사법행정에 게재된 "부동산등기법해설"이라는 7편의 논문은 민사특별법에 대한 해설서로서 백미라고 할 수 있다.

9) 물론 이근식 교수님은 저서집필도 등한시하지 않았다. 예컨대 1963년 출간된 민법강의(상, 법문사), 공저인 1965년 출간된 신친족상성법(일조각), 1972년 출단된 주석민법(하, 한국사법행정학회), 1979년 출간된 국제사법(한국사법행정학회) 등이 대표적이다.

10) 이근식, "인공수정과 법률문제", 연세대 사회과학논집, 1981, 59면.

11) 이근식, "인공수정과 법률문제", 60면. 이러한 사고는 이경희, "인공수정자의 친사법적 지위," 가족법연구 제2호, 한국가족법학회, 1988, 41면에서도 확인된다.

12) 이근식, "인공수정에 관한 법률문제," 16면; 이경희, "인공수정자의 친자법적 지위", 43면.

13) 이근식, "인공수정에 관한 법률문제", 17면.

14) 대법원 1965.9.21. 선고 65므37 판결. 이 판결에 대한 평석으로는 이혜진, "유책배우자의 이혼청구에 대한 판례의 변화", 동아법학 제45호, 2009, 225면 참조.

15) 이근식, "이혼원인에 있어서의 유책주의와 파탄주의", 연세대 사회과학논집 제1권, 1965, 81면.

16) 이근식 교수님의 사고는 제자인 김기영 수원대학교 법학과 교수에게 이어진다. 김기영, "유책배우자의 이혼청구권과 파탄주의", 원광법학 제26권 제3호, 2010, 105면.

17) 이근식, "상대적 이혼원인", 연세대 법률연구, 제3집, 1983, 244면. 이러한 사고는 김우덕, "이혼원인에 대한 비교법적 고찰", 민사법학 제11·12호, 1995, 465면 이하. 반면에 김숙자, "판례에 나타난 이혼사례연구", 가족법연구 제2호, 1988, 278－279면에서는 민법 제840조 제1호 내지 제6호의 각 이혼사유를 독립적으로 이해하여, 가령 제1호의 이혼사유를 절대적 이혼사유로 본다. 참고로 판례는 대법원 2009. 12. 24. 선고 2009므2130 판결 등에서 적어도 2003년부터는 일방적으로 가출하여 별거생활을 해왔고, 2007년경 다른 남자와 사이에서 중혼적 사실혼관계를 맺은 처가 그 법률상 부(夫)를 상대로 제기한 재판상 이혼청구에 대하여, "원고와 피고 사이의 부부공동생활 관계의 해소가 장기화되면서, 원고의 유책성도 세월의 경과에 따라 상당 정도 약화되고, 원고가 처한 상황에 비추어 그에 대한 사회적 인식이나 법적 평가도 달라질 수밖에 없"다면서 이를 인용하였다. 이 판결은 원고의 간통이 민법 제840조 제1호의 이혼사유가 되는지 여부가 아니라(위 판결은 원고의 유책성을 전제하고 있으므로, 이 점은 여전히 인정하는 취지로 보인다), 원고가 제6호의 이혼사유(혼인관계의 사실상의 파탄)를 주장하는 것이 그 유책성으로 인하여 차단되는지가 문제된 예시가 되지만, 적어도 판례가 유책 배우자의 이혼청구에 관하여는 어느 정도 유연성을 발휘하기 시작하였음을 보여준다.

18) 이근식, "가등기담보등에 관한 법률", 고시계(1984. 3.), 109면.

19) 이근식, "가등기담보등에 관한 법률", 110면.

20) 이근식, "가등기담보등에 관한 법률", 110면.

21) 이근식, "가등기담보", 고시계(1980. 12.), 32면.

22) 이근식, "가등기담보", 32면.

23) 이근식, "가등기담보", 32면.

24) 이근식, "할부매매에 관한 문제점", 법조 제27권 제1호, 1978, 54면.

25) 이근식, "할부매매에 관한 문제점", 63면.

26) 이근식, "할부매매에 관한 문제점", 63면.

27) 이근식, "할부매매에 관한 문제점", 63－64면.

28) 이근식 교수님의 견해에 의하면 소유권유보부 매매에 있어 매매대금을 피담보채권으로 하며, 그 효력을 담보설정자(매수인)와 담보권자(매도인) 사이의 대내적 효력과 담보권자와 제3자 사이의 대외적 효력으로 구분한다. 이근식, "할부매매에 관한 문제점", 64면 이하.

29) 권오승, "소유권유보부매매", 해암 고창현 박사 화갑기념 민법학의 현대적 과제, 박영사, 1987, 416면.

30) 이근식, "할부매매에 관한 문제점", 65면.

31) 이근식, "할부매매에 관한 문제점", 66면.

32) 이근식, "할부매매에 관한 문제점", 69면.

33) 이근식, "할부매매에 관한 문제점", 65면.

34) 이근식, "할부매매에 관한 문제점", 65면.

35) 이근식 교수님은 등기의 효력에 대한 연구 또한 심도 있게 하고 있다. 대표적으로 1972년 8월, 10월, 11월에 사법행정에 게재된 "등기의 효력과 유효요건"이라는 3편의 논문 참조.

36) 이근식, "부동산등기와 공신력", 「민법논선(상)」, 동아학연사, 1982, 377－378면.

37) 물론 이러한 제3자 보호규정은 물권행위의 유인론을 취하는 입장에서 대단히 중요하다. 등기에 공신력이 없는 우리 민법에서 부동산거래의 경우 제3자는 이들 규정에 의하여서만 보호될 수 있기 때문이다. 그에 비하여 물권행위의 무인론을 취하는 입장에서는 이들 규정은 불필요한 규정이 된다. 무인론에서는 제3자가 이론상 당연히 보호되기 때문이다. 결국 무권리자인 부동산 소유자라고 할지라도 선의의 제3자가 그 외형인 등기를 신뢰하고 이와 거래를 한 때에는, 설사 거래행위가 이들 규정으로 인하여 무효나 취소, 해제되어도 보호를 받게 되므로, 마치 부동산등기에 공신력을 인정하는 것과 동일한 결과가 된다. 이근식, "부동산등기와 공신력", 고시계 (1975. 3), 36면.

38) 이근식, "부동산등기와 공신력", 33면.

39) 이근식, "약혼불이행으로 인한 위자료청구 사건", 법조 제14권 제11호, 1965, 14면 이하; 이근식, "위자료의 본질과 기능", 법조 제24권 제8호, 1975, 1면 이하; 이근식, "위자료의 산정기준". 연세행정논총 제3호, 연세대학교 대학원, 1976, 159면 이하; 이근식, "위자료의 본질과 기능, 연세행정논총 제7호, 연세대학교

행정대학원, 1980, 221면 이하; 이근식, "위자료청구권자의 범위", 연세논총 제12권 제1호, 1975, 257면 이하; 이근식, "위자료청구권의 발생원인", 사회과학논집 제8호, 연세대학교 사회과학연구소, 1977, 37면 이하 등.

40) 곽윤직, 채권각론, 박영사(1999), 824면; 장재옥, "위자료에 관한 몇 가지 고찰," 이영준박사화갑기념, 한국민법이론의 발전, 1999, 605면.

41) 대판 1972.9.25, 73다1100 등.

42) 대판 1959.4.30, 4291민상169에서도 국가배상법 제2조 제1항의 손해에는 정신적 손해를 포함한다고 한다.

43) 이러한 제751조의 존재의미가 없어진다는 무용성에 대한 비판에 대해서 김상용, 전게서, 454면에서는 다른 법익침해와 달리 제751조가 규정하고 있는 법익(신체/자유/명예) 침해의 경우에는 실제로는 정신적 고통이 없다 하더라도 정신적 고통이 있는 것으로 당연히 인정되는 것으로 보아 제751조에 의미를 부여한다. 그러나 제751조는 신체 · 자유 · 명예라는 개별적 인격권을 규정하고 있는 것이므로 위법성이 징표된다고 볼 수 있을 뿐이지 손해의 발생을 추정하는 규정으로 이해하기는 힘들다는 재비판이 있다(장재옥, 앞의 논문, 609면).

44) 이근식, "제751조 재산 이외의 손해의 배상," 주석 채권각칙(4), 한국사법행정학회, 1986, 153－154면.

45) 한봉희, "위자료청구권의 제문제," 민사법과 환경법의 제문제(송헌안이준박사화갑기념논문집), 1986, 303면; 장재옥, 앞의 논문, 609면.

46) 이근식, 앞의 논문(제751조 재산 이외의 손해의 배상), 163면; 한봉희, 앞의 논문, 300면.

47) 곽윤직, 채권각론, 822면에서는 '피해자로 하여금 생활상의 위안을 실현할 수 있게 하여 그의 고통을 한때 경감하거나 또는 잊게 한다면, 그 한도에서 금전에 의한 정신적 손해의 배상가능성을 인정할 수 있을 것'이라고 한다.

48) 이근식, "위자료 산정에 있어서의 문제점," 고시연구(1984. 7.), 112면.

49) 이근식, "위자료 산정에 있어서의 문제점", 114면.

50) 곽윤직, 앞의 책, 844면; 한봉희, "위자료청구권의 상속성," 법정(1968/9), 34면; 김현태, "생명침해로 인한 위자료청구권의 상속성에 관한 학설 및 판례에 대한 검토," 법조 춘추 제99호, 1972, 6－7면; 정범석, "생명침해로 인한 위자료," 사법행정(1969. 11.), 41면.

51) 이근식/한봉희, 신친족상속법, 일조각, 1982, 241면.

52) 이근식, "불공정한 법률행위의 요건", 법률신문 제1237호(1978.01), 8면 이하.

53) 이근식, “부첩관계청산과 위자료 지급”, 법률신문 제1410호(1981.08), 12면 이하.

54) 부첩계약의 체결 및 존속을 전제로 하는 법률행위는 민법 제103조의 공서양속에 반한다고 보는 것이 판례이다(대법원 1966. 6. 21. 선고 66다530 판결 등).

55) 참고로 미국 연방대법관인 올리버 웬델 홈즈 2세(Oliver Wendell Holmes, Jr.)는 “법의 생명은 논리(logic)가 아니라 경험(experience)에 있다”라고 하였다. 더 나아가 그는 '법의 길(The path of the law)'에서 판례를 예언의 잎새(sibylline leaves)라고 표현하면서 판례는 과거에 있었던 사안에 대한 결론이지만 그 안에는 미래의 사건의 결론을 도출할 예언의 조각이 내재되어 있다고 분석한다.

56) 이와 관련된 이근식 교수님의 논문으로는 “형성권과 소멸시효(법정, 1965.9)”; “소멸시효와 제척기간(법정, 1966. 6)”; “소멸시효의 효과(사법행정, 1966. 5.)”; “소멸시효와 제척기간(사법행정, 1966. 12.)” 등 참조.

II

양승두(梁承斗) 교수

(1934~2018)

연세, 법학 그리고 양 교수님

집필자 강수경(덕성여자대학교 교수)

II

양승두(梁承斗) 교수

(1934~2018)

연세, 법학 그리고 양 교수님

집필자 강수경(덕성여자대학교 교수)

1 교수님에의 기억을 들어가며

인연인 듯 필자가 1987년 3월 연세대학교 법과대학을 입학한 후 학부 첫 지도교수님이 양승두 교수님이셨다. 누구나가 인정하듯 모든 게 멋진 교수님과의 첫 상담은 법학이라는 학문의 매력을 그대로 느끼게 해주는 가슴 벅찬 시간이었다. 35년 전의 일이나 지금도 기억에 또렷이 남는 것은 법학을 규정이나 학설을 통하여 박제화된 채로 말씀하시는 것이 아니라 사회 현실 속 살아있는 규범으로서 효력을 발휘하는 모습으로 이해할 수 있게 아주 쉽고 재미있게 말씀을 이어가시던 모습이다. 후배 교수 중 누군가가 양승두 교수님이 너무 멋져서 교수가 되고 싶었다는 말에 제자로서 으쓱해짐은 교수님이 주신 가장 큰 선물이다.

1994년 양승두 교수님 화갑기념논문집 간행위원회 위원장이셨던 고

최양수 교수님은 논문집 발간 축하의 글에서 다음과 같이 서술하고 있다.[1)]

> "선생님이 걸어오신 길이 곧 연세 법학이 걸어온 길이기 때문에 선생님은 연세법학의 산 증인이라 할 수 있습니다. 그래서 우리는 선생님을 梁자 承자 斗자라고 부르는 대신에 '梁延世'라고 부를 수 있지 않을까도 생각합니다. 역사적으로는 가장 오래된 학문 중에 하나임에도 불구하고 법학이 연세 동산에서는 제대로 대접을 받지 못했던 시절, 여러 선배님들과 힘을 합하여 법과대학의 독립을 위하여 줄기차게 노력하셨고, 그러한 노력의 결실이 오늘날 연세대학교 법과대학의 발전으로 연결되었던 점은 선생님의 연세 사랑을 느낄 수 있는 중요한 일이라고 생각합니다. ... 선생님은 연세법학의 정통성을 세우기 위하여 노력하셨고 ..."

이러하듯이 필자의 기억 속 양승두 교수님은 연세 법학 그 자체이시다.

2 학자로서의 양승두 교수님의 법학

1. 국제적 감각을 학문으로

양승두 교수님은 연세대학교 법학박사 1호이시다. 뿐만 아니라 미국 하버드대학 법과대학에서의 연구, 영국 맨체스터 대학에서의 연수, 일본과의 지속적 교류 등 세계와 소통하는 학문을 추구하셨다. 특히 미국에서의 연구 과정 중 case method의 중요성을 강조, 한국 법학 교육에 영미법적 사고를 접목하여 특히 법률가의 글로벌 역량을 언급하시면서 법학의 국제화를 예견하시는 선견지명을 가지고 계셨다. 이러한 법학 교육에 대한 교수님의 신념은 1984년 Marbury v. Madison, Baker v. Carr, Roe v. Wade 등 미국 주요 판례를 중심으로 편집하여 출판하신 "Readings in American Law" 머리말에 다음과 같이 표현되고 있다.[2)]

> "근래 국제적 협력관계는 점차 긴밀하여지고 있다. 이러한 협력관계는 비단 정치, 경제, 군사의 분야뿐 아니라 법분야에 있어서도 현저하게 나타나고 있다. ... 뿐만 아니라 과학기술의 발전에 힘입어 공간적인 거리는 변함이 없으나 각 국가의 상호간 왕래와 소통은 교통기관의 발달, 대량 의사소통 체계의 발전으로 그 양과 질에 있어서 괄목할 발전을 이룩하여 이제는 그 거리가 현저히 단축되어 마치 세계가 하나의 나라로 변모한 것과 같아지고 있다. 이러한 추세에 힘입어 가장 보수적이라고 말할 수 있는 법학 연구도 이제는 자국의 국내법 연구에 한정하지 아니하고 오히려 다른 나라의 법제도에 대한 폭넓은 연구가 이루어지고 있으며 이러한 연구는 단지 법이론의 발전이라는 측면에서뿐만 아니라 오히려 법현실적 필요에 따라 이루어지고 있는 실정이라 볼 수 있다. ... 원서 강독은 단순히 외국어로 표기된 글을 읽는 능력을 기르는데 국한되어서는 안 된다고 생각한다. 직접적으로는 그 글을 통하여 그 나라의 제도와 그 제도를 통하여 달성하려는 이념 등을 이해하고 이의 장점과 단점에 관한 평가를 시도하며 궁극적으로는 이들 제도와 이념에 비추어 우리의 제도와 체계를 반추하는 데 있다고 생각한다"

또한 1985년도 출간한 "英美公法論"의 머리말[3)]에서는 아래와 같이 서술하고 계시다.

> "우리나라의 법체계는 이른바 대륙법계에 속하고 있으며 따라서 공법의

영역에 있어서도 독일과 프랑스의 공법이론이 우리나라의 법체계 및 이론정립에 다대한 영향을 미치고 있다. 그러나 한편에 있어서는 우리나라의 건국과 더불어 英美의 공법이론이 우리의 법과 법이론의 발전에 크게 공헌하고 있는 것도 또한 사실이며 많은 공법학자들에 의하여 이 분야의 연구가 활발히 이루어지고 있다. 여기게 실은 글들은 필자들이 학문에 뜻을 두고 첫 번째로 시도하여 본 英美公法理論에 관한 연구의 결과들이다"

이러하듯 미국과 영국 등에서의 연구의 성과를 국내에 소개하기 위한 노력을 진행하셨다.

2. 지식재산권 불모지를 개척하며

또한 활동하시던 당시 학계에서는 논의되지 않던 공업소유권, 무체재산권, 지적소유권 등에 관심을 가지고 1988년 공업소유권법 등 저서, 역서로 특허법을 출간하셨다. 1981년 쓰신 "공업소유권보호에 관한 파리조약 小考"에서[4)]

"개발도상국은 경제발전과 공업화를 위하여 새로운 기술을 필요로 하고 있음은 두말할 필요도 없는 자명한 사실이다. 그러나 개발도상국이 경제개발 내지 공업화를 위하여 필요로 하는 신기술은 선진공업국가인 외국이 독점하여 지배하고 있는 것이 사실이다. 국제연합이 발표한 '개발도상국에서의 기술이전에 있어서의 특허제도의 역할(1972년)'에 의하면 1972년 현재의 특허 350만 건 중 선진국이 94%를 소유하고 있으며 개발도상국은 나머지 6%를 지배하고 있는데 불과하며 이 6%에 불과한 개발도상국 지배의 특허 중 90 내지 95%는 사용되고 있지 않는 특허라고 보고하고 있다. … 그러나 무엇보다도 중요한 것은 파리조약 자체가 철저한 속지주의원칙을 근간으로 하고 있기 때문에 개발도상국가들은 자국의 이익을 보장하는 방향에서 특허법을 개정하여 .... 기술이전계약의 등록, 미등록기술이전에의 보호거부, 등록신청거부요건의 강화 등에 관한 입법활동을 통하여 자국의 이익을 보호하는 것이 중요하다고 본다"라고 지적하면서 개발도상국으로 약자의 지위에 있는 우리나라의 이익을 위한 입법적 대안을 제시하고 계신다.

그리고 한국산업재산권법학회장으로서 미연방 '저작권 존속기간 연장에 관한 법률(1998)'에 대하여 칼럼[5)]을 통하여 지적 재산권의 연장 추세에 대하여 개인에게 보장하는 권리와 공익의 증진이라는 적합성의 원칙과 비례의 원칙을 통한 조화가 이상적이라고 제시하면서 저작권을 창작함으로써 문화발전에 기여한 대가가 사후 70년, 익명 가명의 저작물 단체의 저작물의 경우 공표로부터 95년 창작으로부터 120년 중 먼저 만료되는 때까지 존속한다는 것은 개인의 권리를 과도히 보장하는 것으로 특히 선진국 저작자에게 저작권 이용료를 내야 할 후진국의 입장에서는 보다 더 절실하다고 주장하면서 앞서 소개한 공업소유권보호에 관한 파리조약에서의 입장과 같이 지식재산권에서의 개발도상국 내지 후진국의 입장을 대변하는 교수님의 입장을 살펴볼 수가 있다.

3. 법사회학적 연구를 시도하며

1) 한국인의 법의식을 연구하며

특히 1964년 법의식 조사연구는 한국에서 법학연구 분야에 최초로 법사회학적 연구방법을 시도한 것으로 평가 가능하다. 관련하여 "韓國人의 法意識"이라는 논문에서 법의식에 대한 연구의 필요성에 대하여

다음과 같이 이야기하고 계신다.[6)]

"한 개인의 입장에서 본다면 법이란 그의 행동의 준칙으로서 주어진 여러 종류의 행위 규범 중 하나에 불과하지만 사회를 중심으로 하여 생각한다면 법이란 그 사회의 가치기준을 뜻하며 또 동시에 그 사회의 행동구조를 보여주는 것이기도 하다. 그렇다고 하면 여기에서 우리는 하나의 문제점을 발견하게 된다. 즉 선진사회라는 토양에서 발아, 생성, 發花한 법제도를 다른 토양에 이식했을 때에도 역시 건전히 發花할 것인가 하는 문제이다. 다시 말하면 계수한 법제도의 타당성이 이질적인 토양에서 과연 보장될 것인가 하는 것이 그것이다. 따라서 어떤 법제도를 이식하고 그 법제도의 타당성을 보장하려고 한다면 무엇보다도 먼저 이식하는 제도와 이를 받아들인 보양과 체질상 아무런 변고 없이 융합될 수 있는가 하는 것을 알아 보기 위한 노력을 경주하여야 할 것이다. 즉 토양을 분석, 검토하는 작업이 필요하게 된다. 이것이 곧 법의식을 운운하게 되는 소이이다. 물론 법의식은 계수법과의 관련에서만 그 의의가 있는 것은 아니다. 법은 당위로서의 측면이 있는가 하면 또한 존재로서의 측면이 있다. 어떠한 사회가 어떤 종류의 당위를 법으로 가지고 있느냐 하는 것은 존재의 문제이며, 어떠한 사회가 어떤 당위를 마땅히 가져야 할 것인가 하는 것은 가치의 문제이며 당위의 문제이다. 그리고 어떠한 사회가 어떠한 당위를 마땅히 가져야 된다고 생삭하느냐 하는 문제는 다시금 사실의 문제이다. 이 마지막 문제가 법의식의 문제인 것이다. 즉 무엇을 사회적 가치로 보고 있으며 사회적 행동의 기초로서의 무엇이 적당한 것으로 생각하느냐 하는 현재 법질서의 기초로서의 사회구성원의 공통적 의식 또는 공감이 바로 법의식인 것이다."

이러한 문제의식 아래 1964년 전국을 대상을 1963년 대통령선거유권자를 모집단으로 1,298만 명 중 1,300 표본을 추출하여 이들의 법의식

에 대하여 조사를 진행하셨다. 그 결과에 대하여 몇 가지만 소개를 하면[7)]

① 악법이 있다면 준수하겠는가에 대하여 49.8% 준수하지 않겠다고 답변하였다.

② 경찰의 경찰서까지 동행요구에 대하여 6.3%만 영장이 없으면 안 가겠다 답변하였다.

③ 국도 등에서의 사고에 73.1%는 국가에 책임을 묻지 않는다 답변하였다.

이를 바탕으로 당시 한국인의 권리의식의 정밀성 등에 대한 분석을 진행, 고찰한 문제점을 법학 교육의 변화를 통하여 개선하고자 하셨으며 그 과정에서 입법 집행 사법 모든 국가작용에서 법앞의 평등이 지켜져야 함을 강조하고 현실의 국민의 법의식에 근사한 현실적 법을 제정할 것을 제시하고 있다.

법조문과 학설 그리고 판례를 중심으로 한 문언의 해석을 통하여 주로 이루어져 온 우리나라 법학 연구분야에 실제 사회 내 의식 조사를 통하여 그 개선의 방향과 방법까지 도출한 것은 매우 획기적인 연구 결과로 현재도 참고자료로 활용되고 있다. 놀라운 일이다.

2) 언론 속 한국인의 인권의식 연구로의 발전

이러한 연구를 바탕으로 한국인의 인권의식에 대한 연구를 진행하셨다.[8)] 교수님은 관련 연구에서

"민주주의 정치제도의 기초는 언론의 자유보장에 있으며 신문 없는 정부보다는 정부 없는 신문을 택한다... 이처럼 언론의 자유는 민주주의 정치체

제 필수 불가결한 하나의 제도이며 또 국민의 또 하나의 기본권인 알 권리의 보장을 충족시키는 전제적 제도이다"라고 주장을 하신다.

그러면서 "진실과 괴리 있는 보도나 사실의 과장 보도는 추구하려는 공공의 이익도 얻지 못하고 오히려 회복하기 어려운 인권침해의 결과를 빚어 내게 된다. ... 언론이 언론의 자유라는 제도 뒤에 서서 시민의 명예를 훼손하고 프라이버시를 침해하여 시민의 인권을 침해할 수 없을 것이며 외설로써 사회적 이익을 침해할 수도 없을 것이며 또한 시민을 선동할 수 없을 것이다..... 언론이 자기 존립 내지 발전의 구실로 타인의 인권을 침해했을 때 구제책으로서의 제도적 보장이 필요하다"

가짜 뉴스에 대한 대응을 정치권 존립의 사명으로 알고 있는 현대 사회에서도 곱씹어 반성하여야 할 내용이다.

4. 새로운 행정법제도 도입에의 제언을 아낌없이

행정법 체계에 대한 연구에 대하여는 새로운 제도의 소개를 통하여 국가법 체계에 도입에의 제언을 적극적으로 하셨다. 예컨대 "행정절차의 의의와 그 내용"[9]에서는

"개괄적으로 행정절차의 의의와 내용을 중심으로 미, 영, 독, 불의 경우를 보았거니와 우리나라의 경우는 행정절차제도의 채용에 있어서 가장 소극적이었다고 볼 수 있을 것이다. 이는 앞에서도 말한 바와 같이 종래 독일 행정법의 영향 때문이라 볼 수 있으나 지금은 독일도 행정절차를 채용하는 데 활발한 움직임을 보이고 있다. 이 점을 생각하여 우리나라에서도 채용가능성을 따져야 할 것이다. 우리나라에서도 행정절차법초안이 1971년에 정부,

여당에 의하여 성안되었다는 것은 전술한 바와 같지만 아직까지 우리나라에서는 행정절차법 제정 또는 행정절차제도의 채용에 문제점이 있음을 지적하는 학자도 있다. 이는 우리나라에 있어서의 특수성을 고려하는 데서 그 주장의 타당성을 인정할 수 있을 것이다. 그러나 한편에 있어서는 행정작용의 절차적 적법성이 널리 요청되고 있는 현실에서 본다면 여러 나라의 법제에 대한 연구와 분석을 하고 우리나라의 특수성을 감안하여 행정절차법을 제정하는 것이 보다 민주적인 행정을 보장하는 데 크게 이바지하리라고 본다"

실제 행정절차법은 이러한 1974년 교수님의 논문에서 도입이 주장되었으나 제정은 20여 년이 지난 1996년에야 비로소 이루어지게 된다.

3 교육행정가로서의 양승두 교수님의 법학

1. 교육행정가로서의 이력을 살피며

연세대학교 법과대학의 독립을 위하여 노력하신 것뿐 아니라 실용적 법학교육의 실현을 위하여 1994년 한국 최초 특허법무대학원을 설립, 법학교육에서의 전문성, 국제성, 구체성 그리고 법조일원화 등을 주장[10)]하셨다. 특히 1994년 연세대학교 홍보팀의 보도자료를 살펴보면

"지난해 우리나라에서 처음으로 발족한 연세대학교 특허법무대학원은 국제적 안목을 지닌 우수한 지적재산권 고위관리자를 양성하기 위하여 특허법무고위자 과정을 신설하고..."

이와 같이 지식재산권의 불모지인 우리나라에서 관련 연구를 진행한 결과를 바탕으로 실제 교육현장에 살아있는 결과를 위하여 국내 최초 지식재산권 관련 고위 교육과정을 설치 운영을 하는 쾌거를 이루신 것이다. 이러한 특허법무대학원은 이후 법무대학원으로 이름을 바꾸고 관련 분야의 인재 교육에 역량을 기울이고 있다.

또한 연세대학교 기획실장, 도서관장, 법과대학장 등을 역임하시면서 법과대학뿐 아니라 연세대학교의 선진적 변화를 이끌고 오셨다. 특히 도서관장을 맡고 계시는 동안 도서관 전산화에 매우 놀라운 성과를 이끌어 내셨다. 이러한 업적에 대하여 김도창 교수님은 잔잔한 호수와 같은 인품으로 한국 공법의 발전 및 교육행정가로서의 연세대와 법과대학의 발전에 기여하셨다고 평가하였다.[11] 또한 교수님의 교육행정가로서의 혁신적 아이디어는 비록 실현되지는 않았으나 기획실장으로서 재직하시는 동안 증권회사 설립, 천안 분교 설치 등 주장에서 찾아볼 수 있다. 이러한 아이디어의 현대적 감각에 놀라울 따름이다.

또한 1983년 세계법률가대회를 한국에 유치, 사법제도개선위원회 법조선진화위원회 등에서 위원으로서 사법행정제도 및 법관임용제도 등의 선진화에 참여하시면서 사회 내 살아있는 법학을 위한 활발한 활동을 하셨다.

2. 한국 법학 교육의 개혁을 꿈꾸며

1) 한국 법학교육의 개선을 제언하며

사법시험 합격자 수의 증가를 중심으로 법학 교육 내지 사법시험제도의 개선을 얘기하던 시절 교수님은 다음과 같이 우리나라 법학교육의

문제점을 지적하고 계신다.[12)]

① 학부 법학교육이 직업교육인가 교양교육인가
② 교양교육을 겸하면서 학부 4년의 법학교육이 충분한가
③ 사법시험 과목에 편중된 학부 법학전공 과목은 충분한가
④ 강의식 교수 방법에 편중된 교육형태는 문제가 없는가
⑤ 법조계와 법과대학의 연계성은 부족하지 않는가
⑥ 사법시험 응시자격에 제한을 두어야 하는 것은 아닌가
⑦ 한정적 사법시험 과목으로 사회변화에 적응이 부족한 것은 아닌가
⑧ 사법시험 합격자 수의 적정선은 어디인가

한편 다른 연구에서는 변호사를 중심으로 하는 사법제도의 문제점을 검토한다.[13)]

> "변호사의 수가 적다고 하는 것은 여러 가지 점에서 문제점을 야기시킨다고 볼 수 있을 것이다. 그 첫째는 변호사의 조력을 얻기가 어렵다는 것이다. 변호사의 조력을 받아야 할 수요는 많고 변호사의 수가 한정된 소수이기 때문에 공급이 적어 결국 변호인의 조력을 얻기는 쉽지 않게 될 것이다. 이는 특히 비용과 관련시켜 볼 때 두드러지게 나타난다. 즉 소송대리인 선임에 있어 착수금 등의 비용이 고액이 될 가능성이 보다 더 많아지게 되기 때문에 변호인 선임을 주저하게 되는 경우가 많아지게 될 것이다. .... 법률적 분쟁에 당사자가 된 사람들은 마치 병원에 간 환자처럼 분쟁에 관하여 불안한 상태에 있기 때문에 변호사는 친절하게 당사자에게 사건에 대하여 알려주어야 하는데... 변호사는 허가받은 도둑놈이다... 등 비난을 받을 수 ...
>
> 또한 변호사의 지역적 분포를 살펴보면 서울, 북산, 대구 등 대소시에 집

중되어... ”

이와 같은 문제제기 후 결론으로 법조일원화을 전제로 한 해결책을 도모하자고 제시하고 계신다. 이 결과 로스쿨에 대한 논의가 시작된다.

2) 로스쿨에 대하여

어느 대담에서 이렇게 말씀을 하셨다.[14)]

“지금 현재 법학체계를 갖느냐 로스쿨체제로 바뀌느냐 하는 것은 근본적인 사법철학에 바탕을 두어야 하지 않겠느냐 그런 생각을 합니다. 로스쿨을 둔다고 하면 법조일원화로 가서 적어도 법관은 변호사경력 10년 이상 거친 분들 가운데에서 판사를 임명하는 이런 시스템으로 가야 하는데 그렇지 않을 경우 로스쿨을 나왔다 해서 그 가운데서 바로 판사로 가는 것은 문제가 있습니다. 예를 들면 로스쿨을 나온 사람에게 변호사자격을 준다고 하면 변호사회에서 시험을 주관해야 되겠고 그런데 그중에서 판사를 임용한다고 하면 대법원에서 로스쿨 졸업생 가운데 시험을 보는지... 학부수준에서 다른 교육을 받은 특히 자연과학계통이라든지 의학계통이라든지 또는 문학, 인문시회 과학계통에 있어서의 법조 분쟁을 조정하고 해결하고 발생방지를 하는 그런 자문적 역할을 할 수 있는 법률가를 양성하기 위해서는 로스쿨 제도가 상당히 좋을 것 같은데 다만 상당한 기간 준비가 필요할 것 같습니다. 여러 가지 문제가 있지만 우선 로스쿨 정원을 어떻게 해야 할 것이냐, 로스쿨을 어떻게 지역적으로 분배를 할 것이냐 교수를 어떻게 충원할 것이요 커리큘럼은 어떻게 할 것이며 그다음은 변호사시험은 어떻게 할 것이냐 법관은 어떻게 선발하고 검사는 어떻게 선발하고 ...”

1995년 좌담회에서의 교수님의 발언이다. 로스쿨이 국회를 통과한 것이 2007년이니 무려 12년 전 좌담회에서의 발언이신데 소름이 끼칠 정도로 정확하게 12년 후 로스쿨의 현황을 구체적으로 예견을 하고 계신 듯하다.

4 일상에서의 양승두 교수님

1. 그냥 소탈한 교수님

1993년 교수님을 조교로 지근에서 뵈었던 모습은 학부 시절 가슴 설레며 존경하였던 모습에다 소탈한 모습까지 뵐 수 있었던 소중한 기회였다. 일상에서 교수님을 생각하면 떠오르는 것은 커피, 담배, 짜장면 아 그리고 육개장, 설농탕.

커피를 엄청 좋아하셨다. 당시 연구실에는 커피 원두를 내리는 머신이 없어 커피 프림 설탕을 적절하게 섞어 타드려야 했다. 시간이 지날수록 실력이 늘어 연구실에 오시는 다른 교수님들이 원두커피보다 맛있다고 칭찬을 해주셨다. 가끔은 산책 가자 하시면서 연세 동문쪽 작은 가게에서 초콜릿을 사신다. 커피를 초콜릿과 같이 먹으면 맛있다고 하시면서. 물론 초콜릿은 필자에게도 절반 나누어 주셨다.

어느 날 교수님이 대구로 주례를 보러 가실 때 모시고 가다가 대구역 앞 자판기에서 커피를 뽑았는데 미각에 있어서는 찬밥과 더운밥 밖에 구별 못하는 필자의 입에도 너무 맛이 없었다. 그래서 교수님께 버리고 다른 것을 사 오겠다 했더니 맛없는 커피 맛도 맛보는 재미가 있다고 하시면서 다 드시는 모습에 아 하는 깨달음을 얻게 되었다.

짜장면은 거의 1년 내내 드신다. 그리고 중국집을 가시면 실은 뭐 먹을래 물어보지 않으신다. 그냥 짜장면 둘이요 하신다. 가끔 육개장과 설농탕을 섞어 드신다. 언제 한번 모처럼 육개장을 먹자 하시면서 용산역 앞 허름한 집으로 운전을 하고 가셨는데 평소와 달리 엄청 빨리 드시고는 차를 주차한 주차장으로 서둘러 가셨다. 학교에 급한 일이 있으신가 했는데 주차요금 더 나올까 봐 서둘러 드신 것이라는 것을 알고 혼자 웃었다. 이 이야기는 실은 24년여 만에 처음 공개하는 것이다.

담배는 하루 종일 태우신다. 연구실 책상 서랍에 담배도 늘 넣어져 있다. 사모님이신 허미자 교수님이 매번 보실 적마다 필자를 걱정하셨다. 가끔 과 동기들이 교수님이 안 계실 때 연구실을 놀러 오면 필자의 눈을 속이고 몰래몰래 교수님 담배를 피우곤 했다. 교수님이 이 사실을 아셨나는 모르겠으나 가끔 교수님이 태우실 담배가 부족할 때는 죄송했다.

2. 사모님이신 허미자 교수님과의 아름다운 사랑

교수님이 돌아가신 지 7년여가 지났는데도 사모님이신 허미자 교수님의 양승두 교수님에 대한 그리움은 보는 이의 마음을 따뜻하게 만든다. 특히 허 교수님이 집필하신 “당신의 사랑안에 머물게 하소서”라는 책을 읽다 보면 책 제2부 제목인 ‘우리 젊은 날의 사랑이야기’처럼 지금은 생과 사를 달리하고 계시는데도 한 공간에 계신 것처럼 두 분이 속삭이는 삶의 이야기가 들리는 듯하다.

5 글을 접으며

처음 글을 작성해달라는 요청을 받았을 때 내가 써도 될까라는 의구심이 들었다. 한동안 무엇을 쓸까 고민을 하다가 교수님의 말씀을 교수님의 글을 중심으로 정리를 해보기로 마음을 먹고 준비를 하였다. 역량이 부족하여 교수님의 연구, 삶 등을 다 담을 수는 없었으나 필자가 뵈었던 모습을 그대로 담고자 노력을 하였다. 그 과정 중 그동안 몰랐던 교수님의 연구 결과물 등을 통하여 교수님의 생각을 살펴보면서 다시 한번 교수님의 혜안과 지혜를 깨달을 수 있었다.

이계준 목사님의 양승두 교수님 1주기 추모예배 설교 중,

> "지난 60년 동안 고인의 동료와 친구로서 저에게 나긴 이미지를 요약한다면 그의 인격과 삶에는 이중성이나 괴리가 없었다는 것입니다. 개인이나 감정에서 대학이나 사회 어떤 영역에서나 고인은 말과 행동이 항상 일치하였고 법학을 가르치는 교수로서 '법 없이도 사는 사람의 전범'이 되었습니다. 고인은 이미 생존에 법을 실천하며 가르치므로 하늘나라에서 큰 사람으로 인정받을 자격증을 취득하신 것입니다. 저는 학덕을 갖추신 스승님들을 만난 것을 큰 행운으로 알고 이 축복을 주신 하느님의 은총에 늘 감사하며 살아가고 있습니다. 선생은 많으나 스승이 빈곤한 세대에 속한 후진 여러분께서도 인격과 학문을 두루 갖추신 큰 스승님의 문하생이 되신 행운에 감사하리라 믿습니다."[15]

맞다. 학문을 하면서 교수님의 제자로 있었다는 큰 행운에 깊은 감사를 드리는 바이다.

2019년 4월 덕성여자대학교 第11대 총장으로 취임식을 하면서 허미자 교수님을 찾아뵈었다. 허 교수님께서는 자신의 일처럼 기뻐하시면서 양승두 교수님께서 사모님께 선물하신 목걸이를 필자에게 주셨다. 양승두 교수님께서 늘 필자를 지켜보고 용기를 주실 거라 하시면서. 돌아가신 후에도 용기를 주시는 교수님께 다시 존경의 마음과 사랑의 마음을 전해드리면서 글을 마무리하고자 한다.

양승두(梁承斗) 교수 연보(年譜)

연 도	내 용
1934년	서울시 명륜동 출생
1954년	경동고등학교 졸업
1958년	연세대학교 법학과 졸업
1960년	연세대학교 대학원 법학과 석사 졸업
1966년~1967년	미국 뉴욕대학교 법학대학원 수학
1969년~1970년	영국 맨체스터 대학원 수학
1973년	연세대학교 대학원 법학과 박사 졸업
1967년	연세대학교 교수 임용
1972년	연세대학교 기획실장
1989년~1991년	연세대학교 도서관장
1991년~1993년	연세대학교 법과대학장
1991년	법 및 사회철학 한국학회 회장
1993년	저작권심의조정위원회 조정위원
2000년	연세대학교 법과대학 교수 정년퇴임
2018년	작고

미주

1) 균재 양승두 화갑기념논문집 (Ⅰ)『현대공법과 개인의 권익구제』(1994), ⅵ면.
2) Seung doo Yang,『Readings in American Law』, Bopkyong Publishing Co, 1984, 머리말.
3) 양승두, 이동과, 김영삼,『英美公法論』, 형설출판사, 1985, 머리말.
4) 양승두, "工業所有權保護에 관한 파리조약 小考",『연세행정논집 7』1981, 240–241면.
5) 양승두, "저작권 존속기간 연장을 생각하여 본다",『저작권문화』2004, 2–3면.
6) 양승두, "韓國人의 法意識",『한국사회과학논집 9』, 1968. 65–66면.
7) 양승두, "韓國人의 法意識",『한국사회과학논집 9』, 1968. 67–6면.
8) 양승두, "韓國人의 人權意識–언론의 침해과 관련하여",『언론중재』, 제2권 제1호 통권 2호, 15–22면.
9) 양승두, "行政節次의 意義와 그 內容",『考試研究5』, 1974.8. 57면.
10) 균제 양승두 화갑기념논문집 (Ⅰ)『현대공법과 개인의 권익구제』(1994), ⅶ면.
11) 균제 양승두 화갑기념논문집 (Ⅰ)『현대공법과 개인의 권익구제』(1994), ⅶ면.
12) 양승두, "법학교육 개선을 위한 시안",『연세법학』, 1984, 191–197면.
13) 양승두, "우리나라 사법제도의 문제점 소고, 변호사를 중심으로",『연세행정논총6』, 1979. 215–232면.
14) 좌담회 "사법제도의 문제점과 법학교육의 정상화"『사법행정』, 1995.4. 6–18면.
15) 허미자, 당신의 사랑 안에 머물게 하소서 보고사 2019년 179면.

III

이정한(李楨漢) 교수
(1936~1991)

연세법학의 정체성을 일깨운 참 연세인

집필자 신현윤(연세대학교 명예교수)

III

이정한(李楨漢) 교수

(1936~1991)

연세법학의 정체성을 일깨운 참 연세인

집필자 신현윤(연세대학교 명예교수)

1 머리말: 그는 누구이신가?

이정한 교수는 56년간 길지 않은 생애를 살아오면서 희생(犧牲)과 청렴한 온유(溫柔)와 충정(忠正)과 겸양(謙讓)과 낙관(樂觀)으로 점철된 놀라운 사표(師表)를 보여준 참 스승이다.

그는 1957년 연세대학교 정법대학 법학과에 입학하여 "진리가 너희를 자유케 하리라"라는 교훈[1)]아래 진리와 자유의 가치를 통해 우리 사회에 기여할 지도자로서 첫발을 내딛었다. 기독교적 박애정신과 실사구시의 실용정신, 그리고 연세가 지녀온 강인한 민족주체 의식을 바탕으로 사회 정의를 실현하는 인재 양성을 위해 설립된 연세대학교 법학과에 입학한 것은 어쩌면 그에게 운명과도 같은 것이었다. 1975년 전임강사 임용을 시작으로 조교수, 부교수, 교수로 법과대학에 재직하면서 특히 '어음·수표법'과 '회사법' 분야의 강의와 연구를 통해 4편의 저서와 27편의 논문의 업적을 남겼으며, 그 누구보다 후학 양성과 모교 법과대학의 바른 운영을 통해 연세법학의 정체성을 일깨우기 위해 진력하였다.

이정한 교수는 재리(財利)에 전혀 무관하였을 뿐 아니라 사사로운 일보다 공동사에 먼지 투신하였고, 인연 맺은 모든 사람들, 특히 어려움에 처한 이들을 항상 진심에서 우러나는 정(情)과 따뜻함으로 대하였다. 그리고 자신을 낮추어 높은 자리를 탐하지 않았으며, 자신(自身)의 공(功)을 내세우지도 않았다. 청빈(淸貧)함을 부끄럽지 않게 생각하였다. 그다지 빛나지 않는 자리에서 힘든 일만 떠맡으면서도 낙천(樂天)을 견지하였고, 불안과 좌절에 빠진 후배들에게 늘 새로운 희망과 용기의 원천(原泉)이 되어 주었다. 스승으로서, 선배로서, 동학(同學)으로서 수많은 사람의 온갖 사연을 담아주는 큰 가슴의 언덕이었다. 가택과 연구실은 모든 이들에게 열려 있었으며, 온갖 과제를 들고 찾아오는 재학생, 졸업생, 동료 교직원들에게 변함없는 마음으로 함께 고뇌하고, 해결책을 찾기 위해 동분서주하였다. 그리고 주변인이 해낸 작은 성공이나 미담조차도 자신의 일 이상으로 기뻐하고 자랑스러워하였다.

이정한 교수는 자신의 몸을 돌보지 아니하고 불철주야 학사업무에 매진하다가 안타깝게도 진격성 간염으로 1991년 1월 그토록 사랑하고 정들었던 연세 동산을 떠나 하나님의 부르심을 받았다. 그는 짧디짧은 병상 기간의 마지막 순간까지도 진심으로 연세법학의 앞날을 걱정하였던 참된 연세인인 동시에 연세 법학사(法學史)의 산증인이다. 연세법학의 오늘이 있도록 최일선에서 대가 없이 가장 헌신하신 이(李)·정(楨)·한(漢) 교수님의 그 고귀한 존함(尊銜)은 애틋한 모교애(母校愛)와 인간애(人間愛)를 기억하고 본받는 자랑스러운 동문 선·후배, 제자들의 가슴에 영원히 남아 있으며, 먼 훗날 연세법학의 후학들에게까지 이어질 것이다.

2 이정한 교수의 생애

이정한 교수는 일제 강점기인 1936년 11월 30일 경기도 양주군 와부면 월문리(현 덕소)에서 부친 이종협과 모친 원준식의 1남 1녀 중 장남으로 출생하여 8.15 해방과 6.25 전란의 소용돌이 속에서 초등학교와 중학교 과정을 마쳤다. 당시 중농(中農)의 집안이라 경제적 여유가 있는 형편이 아니었지만, 어릴 적부터 명석한 장남의 모습을 지켜본 부친의 결단으로 1954년 서울로 유학, 혜화동 소재 동성(東星)고등학교에서 자취생활을 하며 학업을 마치었다. 1957년 고등학교 졸업과 동시에 연세대학교 정법대학 법학과에 입학하여 1963년 졸업하였다. 그는 대학입학 이후 1950년~60년대 사회적 혼란과 척박한 경제 여건 속에서도 법학도로서 향학열을 불태우며 연세인으로서, 그리고 법학자로서의 꿈을 키워나갔다. 졸업 후 2년간의 군 복무를 마치고 학문의 뜻을 이루기 위해 대학원 법학과 석사과정에 입학하여 "고지의무 위반에 관한 고찰"의 학위논문을 제출하여 1966년 석사학위를 받았다. 그러나 당시 어려운 경제 여건상 마냥 학문연구에만 전념하기 어려워 1967년부터 덕성여자고등학교 교사로 잠시 봉직하기도 하였다.

이정한 교수가 본격적으로 법학자의 꿈을 이루기 위해 대학으로 돌아온 것은 1969년 연세대학교 법률문제연구소 상임간사 및 연구원으로 임명되면서부터이다. 한편으로 법률문제연구소의 모든 업무를 도맡아 처리하며, 다른 한편으로 대학원 법학과 박사과정에 적을 두었고, 정법대학 시간강사로 활동하면서 교육자로서의 첫걸음을 내딛었다. 석사학위 취득 후 박사학위를 취득하는 동안은 그야말로 가난한 학자로서 고난의 연속이었다. 박사학위 논문인 "판례를 중심으로 본 어음의 위조에 관한 연구"의 사사(謝辭)에서 이정한 교수는 현실 생활에서의 어려움과 함께 학문적 겸손함을 술회(述懷)하고 있다. 그는 먼저 "숱한 질곡(桎梏)과 회한(悔恨) 속에서도 나를 잃지 않도록 붙잡아 준 것은 오직 그 빈한(貧寒)한 학자의 길(道)이었다"고 회상하고 있다. 또한 "학문의 길은 절차탁마(切磋琢磨)와 같고, 하나의 장엄한 탑을 쌓는 것"에 비유하며, "학업이 소박(素樸)한 야석(野石)에 불과한 것이지만, … 어쩌면 영원한 시지프스의 숙명에 병탄(並呑)될지 모르는 나의 부족한 능력이지만 더욱 겸허한 구도자(求道者)의 자세로써 학업에 임할 것"을 다짐하고 있다.

이정한 교수는 학자적 고뇌와 경제적 궁핍을 면하기 어려웠던, 결코 짧지 않았던 5년간의 시간강사 경력을 벗어나 1975년 드디어 전임강사로서 정식으로 대학교수에 임명되어 연구와 교육에 전념할 수 있었다. 그의 연구실에는 대기만성(大器晩成)이라는 액자가 걸려 있었는데, 이는 그가 성실하고 참을성이 많으며, 때를 기다릴 줄 아는 지혜를 단적으로 보여주는 것이기도 하다. 그 후 조교수, 부교수, 정교수로 승진하면서 대학교수로서 확고히 자리매김하였고, 법현학사 사감, 교학과장, 교내 여러 위원회에서 활동하며 연세법학의 정체성을 확립하는 데 크게 공헌하였다.

가장 대표적인 활동으로 법학과 창설 20주년기념사업, 법률문제연구소의 창설 및 운영, 법현학사의 건립과 운영, 법학과 및 법과대학 동창회 사업, 법과대학 승격 추진 및 발전사업, 연세법학연구회(현 연세법학회)의 창립 및 조직화 등을 들 수 있으며, 연세법학 역사의 굵은 마디마

디에서 제안자로서, 이견집단의 중재자로서 온갖 뒷바라지를 마다하지 않았다. 무엇보다 모교와 동문의 가교(架橋)로서 참으로 놀랍고도 고마운 일들을 해내었다. 대외적으로도 연세대학교 교수로서의 자부심을 가지고 상법개정심의위원, 사법시험위원, 행정고시위원, 공인회계사시험위원 등을 역임하며, 사회공헌활동을 게을리하지 않았다.

그러나 연세법학의 중흥을 위해 노심초사하던 중 계속되는 과로와 스트레스를 이기지 못하고 향년 56세의 젊은 나이로 연세법학의 더 큰 도약을 보지 못한 채, 그토록 사랑하는 이선훈 사모와 아직도 어린 3자녀를 남겨둔 채 우리 곁을 떠나갔다. 너무도 안타깝고 애석하게 여긴 수많은 선·후배, 교수, 제자들은 오랫동안 그 충격을 벗어날 수 없었다. 그 당시 법과대학의 자랑스런 모습을 형성해 오는데 협진했던 많은 동문들의 가슴이 공허하고 신촌거리가 적막하게 느껴지고, 심지어 모교를 잃은 것 같다고 할 만큼의 심한 허탈감을 느끼기도 하였다. 이는 이정한 교수가 순수하고 인간적이며, 많은 연세법학 동문 선·후배 삶의 중요한 과정에 늘 함께 해주었고, 모든 이들에게 평소 느끼지 못했던 고마움이 참으로 요긴하였기 때문이었다.

이정한 교수가 홀연히 연세동산을 떠난 이후, 그를 따르던 학계와 법조계의 동문과 후학들은 이정한 교수에 대한 추모와 존경의 마음을 담아 1992년 7월 연세법학연구회(현 '연세법학회') 이름으로 「연세법학연구」 제2집[2)]을 "고 이정한 박사 추모논문집"으로 발간하였다. 이 논문집에는 이정한 교수의 은덕을 입고 학계에서 활약 중인 29명의 후학들이 집필에 참여하였다. 이 논문집의 추모·간행사의 마지막 구절에서는 "이 논문집이 선생님의 크신 은혜에 보답하고 유족의 깊은 슬픔을 위로하는 일에 미량이라도 짝할 수 있는 것일지 두렵습니다. 선생님 흠향(歆饗)하옵소서"로 끝맺음하고 있다. 또한 1992년 10월에 연세법학연구회는 숭모(崇慕)의 염(念)을 모아 이정한 교수의 생애와 공덕을 기록한 추모비를 건립하였다. 이 추모비 추모의 글은 평소 이정한 교수와 굳건한 동지적 결속으로 연세법학 중흥의 뜻을 함께하였던 경기대학교 석희태 명예교수(전 대학원장, 법학 '69 입학)가 썼으며, 그 내용은 다음과 같다.

> 公은 全州後人이니 朝鮮太宗大王의 第8男 謹寧君의 第21世孫으로 1936年 11月 30日 南楊州 瓦阜 月文里에서 태어났다. 延世大學校 法科大學과 同大學院을 마쳤으며, 博士學位論文은 '어음의 僞造'에 관한 研究였다. 1975年 以後 延世大學校 法科大學 教授로 在職하면서 法賢學舍 建立, 法科大學 昇格, 同窓會 活性化, 延世法學研究會 組織 등 主要事業의 中心的 役割을 맡았고 商法學 分野에 卓越한 業績을 남겼으며 수많은 英才를 大學과 法曹界에 진출시켰다. 大學發展을 위해 勞心焦思하던 중 1991年 1月 22日 殉職하니 享年 56歲였다. 公은 品性이 高潔 溫厚 敦實하셨고 淸廉과 謙讓과 先公後私를 生活의 守則으로 遵行하셨으니 同僚 先後輩 知人 간에 希望과 勇氣의 源泉이셨으며 오는 斯界에 이름있는 後學 중 公의 支援을 입지 않은 이가 드물다. 鄕里의 發展과 爲先事業도 恒常 家事에 先行시켰으매 世人이 한가지로 稱訟한다. 아 公은 가셨어도 公의 眞率하고도 誠實한 숨결은 우리와 더불어 있나니 公의 芳名은 公의 人間愛과 淸淨한 學者的 生涯를 본받고자 하는 後學의 가슴에 不滅의 記錄으로 永遠히 남을 것이다. 公을 向한 간절 崇慕의 붉은 뜻을 碑에 적어 後世에 전한다.
>
> 1992年 10月 3日 延世法學研究會 碑를 세우고
>
> 法學博士 石熙泰 글짓고 全面 글쓰고, 第一石材 林聖來 後面 글쓰다.

이정한 교수 추모비

3 연세법학의 중흥을 위한 헌신

1. 연세법학의 실상과 과제

이정한 교수가 연세대학교 전임교수로 취임한 1975년 당시만 해도 연세법학의 위상은 그리 높지 않았다. 당시에는 사법시험 합격자 수에 따라 전국 법과대학의 위상이 정해지곤 했는데, 서울대 법과대학이 압도적이었고, 고려대 법과대학이 격차를 두고 2위를 차지하였다. 불행히도 연세대는 사학의 쌍벽인 고려대에 비해 대적할 만한 성과를 거두지 못했을 뿐 아니라 심지어 어떤 해에는 성균관대나 한양대보다 저조한 실적을 보이기도 하였다. 심지어 타 대학교는 모두 법과대학으로 독립되어 있는 데 비해, 유독 연세대학교는 정법대학 내 1개 학과로서의 법학과에 불과하여 그 대외적 위상과 규모, 학내의 예산지원 면에서 격차가 매우 컸다.

그 당시 연세법학의 중흥을 위한 과제와 목표는 크게 세 가지였다. 첫째는 정법대학 법학과라는 한계를 벗어나기 위해 법과대학을 신설하는 것이었다. 둘째는 사법시험 합격자를 늘리기 위해 장학기금을 확충하고 국가고시 준비생을 위한 전용기숙사를 건립하는 것이었다. 그리고 셋째는 연세법학의 저변을 확대하고 학문적 후속세대를 양성하는 것이었다. 1975년 모교 교수로 발령받은 이정한 교수는 동문의 일원으로서 다른 동료교수보다 특별한 사명감을 가지고 연세법학의 세 가지 과제와 목표를 실현하기 위해 일로매진(一路邁進)하였으며, 자신이 필요한 곳이면 때와 장소를 가리지 아니하고 역할을 떠맡는 등 최일선에서 헌신하였다.

2. 법과대학의 독립

연세법학의 중흥을 위해서는 교수진의 확충, 입학정원의 증원, 법학의 특성에 맞는 효율적이고 합리적인 교과과정 운영 및 독립한 예산확보가 필수적이지만, 연세대학교의 경우 법학과가 여러 학과의 하나로서 당시 정법대학에 소속된 상태로는 그 목표를 이루기 어려웠다. 법과대학으로의 분리·독립은 법학과 창설 초기부터 모든 동문, 선후배의 열망이었고, 이를 위한 노력이 끊임없이 이루어졌다.

이미 이정한 교수는 연세대 전임교수로 발령나기 이전부터 법률문제연구소 상임간사로서 연구소와 학과의 행정체제 확립에 크게 기여하였다. 특히 남다른 희생정신과 친화력으로 정·관계나 재계에 진출하여 맹

활약하는 동문들을 일일이 찾아가 모교 법학과의 발전에 도움을 청하는 일을 마다하지 않았다. 특히 법학과 창설 20주년을 계기로 교수와 학생, 그리고 동창회가 하나 되어 법인재단 본부와 학교 당국에 법과대학의 독립 필요성과 정당성을 설득하고 그 실현을 요구하였다.

그 당시 모든 법학과 교수들이 법과대학 독립을 열망하였지만, 아무래도 동문 출신 교수들이 더욱 적극적일 수밖에 없었다. 전임교수로 발령된 이후에도 변함없이 동문 교수로서 2년 선배인 양승두 교수와 함께 재단, 학교 당국. 동창회, 학생회, 기타 외부기관 등과의 유기적인 협조 및 수많은 의견조율 과정에서 목표달성을 위해 헌신적으로 노력하였을 뿐만 아니라 그 과정에서 발생하는 마찰과 불협화음을 지혜롭게 해소할 수 있도록 많은 역할을 다하였다. 이러한 총력적인 노력의 결과 1980년 12월 법과대학의 분리·독립이 확정되었고, 1981년 3월 법학과 단일 학과로 구성된 법과대학이 출범하였다.

3. 법현장학금·법현학사

1970년대 연세대학교 법학과는 사법시험 합격자 수에 있어서 서울대학교 법과대학은 물론 경쟁대학인 고려대학교 법과대학이나 타 대학교에 비해 열세에 있었으며, 이를 늘리기 위해서는 우수한 재학생과 졸업생들의 재정적인 어려움을 해결할 수 있는 장학금 마련이 필수적이었다. 특히 사법시험처럼 경쟁이 치열하여 장기간의 수험생활을 감당해야 하지만, 가정형편이 어려운 고시준비생들에게는 재정적 지원이 절실하였다.

연세대학교의 1개 법학과로 존립할 당시에는 학교 당국의 관심 부족으로 사법시험 준비생에 대한 일부 동문의 개인적 차원의 장학금 지원에 의존하였을 뿐, 장학금의 모금과 수여를 체계적으로 추진하지 못했다. 그러나 1980년 법과대학 독립을 계기로 법과대학 동창회는 매 학기 정례행사로 법현장학금 전달식을 학교 총장, 부총장, 학장 등 보직자와 동창회장, 원로 동문들의 참석하에 선배와 후배의 결연을 통하여 본격적으로 지원하기 시작하였다. 또한 법현장학회의 이름으로 연세대 동문, 교수, 학부형을 대상으로 보다 조직적이고 폭넓은 장학기금 모금운동을 전개하였다.[3)]

이정한 교수는 장학기금 모금활동에 가장 적극적으로 참여하여 장학금 기부자를 발굴하고, 모범적이고 가정형편이 어려운 국가고시 준비생이나 장차 법학자를 꿈꾸는 대학원생을 소개하여 장학금 수혜가 이루어지도록 하는데 숨은 역할을 마다하지 않았다. 특히 동문과 학부형을 대상으로 하는 경우 일일이 만나 장학기금 출연을 설득하는 일을 기꺼이 감당하였다. 법현장학회 이외에도 많은 동문들이 장학재단을 설립하여 사법고시 준비생이나 장래가 촉망되는 학생들에게 거금을 쾌척하기도 했는데, 가장 대표적인 재단이 동곡장학회(회장: 이종흡 동문, 법학 '52 입학)이다. 이정한 교수는 이종흡 동문과 수시로 연락하며, 장학회 운영을 도왔으며, 그 당시 장학금의 도움을 받은 국가고시 준비생 중 사법시험 합격자 비율은 엄청나게 높았다. 이는 이정한 교수가 교학과장이나 법현학사 사감으로 재직하면서 성적이 우수한 재학생이나 동문들을 눈여겨보고, 엄선하여 장학금 수혜자로 추천한 덕분이기도 하였다.

그 당시 연세대학교 법학과가 사법시험 합격자를 늘리기 위해 또 하나 추진했던 사업은 국가고시 준비생을 위한 전용기숙사(법현학사)를 건립하는 일이었다. 법현학사의 건립은 법학과 발전을 위한 교수·학생·동문의 오랜 숙원이었으며, 후일 법학과의 비약적 발전을 위한 소중한 발판이 되었다.[4] 그 당시 법학과 교수 가운데에서도 김현태 학장과 동문인 양승두 교수(법학 '55 입학)와 이정한 교수가 가장 적극적이었다. 이 가운데 연배가 아래인 이정한 교수는 건립모금 운동과 건축공사과정에서 나타나는 온갖 궂은일을 아무런 내색이나 불평 없이 묵묵히 수행하였다.

법현학사를 건립하였지만, 개원 초기 법현학사를 관리하는 문제도 만만치 않은 일이었다. 이정한 교수는 우수학생을 선발하고, 시설과 입사생의 숙식을 관리하고, 정숙한 가운데 학업 분위기를 고취하고, 학사 내에서 일어나는 크고 작은 문제에 이르기까지 책임지고 해결해야 할 사감직을 자원(自願)하였다. 다행히 교수님 사택이 법현학사 근처에 있어 특별한 일이 없으시면 저녁마다 사감실에서 연구에 전념하면서, 사생들의 학업을 지도하며 돌보았다. 그 누구에게도 성가시고 빛이 나지 않는 일이지만 묵묵히 사감직을 수행하셨고, 이로 인해 개인적인 가정사는 늘 뒷전에 밀리기 일쑤였다. 장남 이동호(생물 '87 입학)는 지금도 "세상 풍파를 온전히 맞서며, 학교 일만 하시는 그저 바쁜 뒷모습의 아버지였다"고 기억하고 있다.

4. 연세법학회

연세법학의 중흥을 위해서는 사법시험이나 국가고시 합격자 수의 증가와 함께 학문적 후속세대를 지속적으로 양성하는 것이 중요하였다. 1980년대 이전만 하더라도 연세대학교 법학과 동문 출신 모교의 교수의 수는 모교의 양승두, 이정한 교수뿐이었고, 다른 대학교에 재직 중인 교수도 손에 꼽을 정도였다. 경쟁대학인 고려대학교 법과대학에 비해 동문 교수 수가 매우 미약하였다.

이러한 열세를 만회하기 위해 이정한 교수는 국가고시의 합격자 수의 증대만큼이나 학문적 후속세대 양성이 중요하다는 점을 깨닫고 저변 확대에 힘썼다. 학자적 소양이나 품성, 학문적 호기심이 많아 보이는 명석한 제자나 동문들에게 대학원 석·박사과정 진학을 적극적으로 권유하기도 하고, 이들이 과정을 마치고 교수직을 잡을 수 있도록 세심한 배려와 지원을 아끼지 않았다. 그 결과 전공인 상법 분야만 하더라도 당시 주영은 연세대 명예교수(전 모교 원주캠퍼스 정경대학원장), 홍복기 연세대 명예교수(전 모교 부총장), 김흥수 한남대 명예교수, 신현윤 연세대 명예교수(전 모교 부총장), 경익수 대전대 교수(전 부총장), 심상무 부산 동의대 명예교수(전 총장) 등을 배출할 수 있었다.

한편 이정한 교수의 이러한 노력은 1981년 졸업정원제 도입으로 대학에서 교수 수요가 폭발적으로 증가하게 되자, 그 진가를 발휘하게 되었다. 이정한 교수는 국내외 대학에 재직 중인 동문 교수를 조직화하고 동문 교수 간의 학문적 상호교류를 촉진하는데 중추적인 역할을 담당하는 연세법학회가 출범하는데 산파 역할을 담당하였다. 연세법학회는 “진리가 너희를 자유케 하리라”는 기독교적 자유주의, 세계주의와 연희전문 이래의 민족사관, 한글수호 등 민족 주체의식으로 나타난 연세정신을 그 이념적 기초로 하여 법학의 각 분야를 넘어 학제적 연구와 연구회원 상호 간의 친목을 다져 민주적이고 한국적인 법문화 발전에 공헌할 것을 목적으로 1985년 10월에 정식으로 창립되었다.[5]

그 모태로 된 것이 1982년 8월 경기도 양주군 와부면(덕소)에 있는 이정한 교수의 생가에서 이루어진 연세법학연구회 발기모임이다. 이 모임에서 대학원 석·박사 과정에 재학하고 있는 동문 및 타 대학에서 교수로 재직 중인 동문 24명의 창립 멤버가 연세법학의 학문적 역량을 키우기 위해 연구모임을 만들 필요가 있다는 데 공감하면서, 현 연세법학회의 전신인 "연세법학연구회"를 창립하기로 결의하였다(일명 "덕소" 결의). 그리고 창립추진위원장으로 연장자인 주영은 동문(법학 '64 입학)을 선임하였다. 연세법학연구회 창립멤버 대부분이 현직 교수보다는 주로 장래 대학교수를 꿈꾸는 대학원 재학생이 주류를 이루었으나, 이들 대부분이 졸업정원제 이후 전국 각 대학의 교수로 진출하였다. 그 과정에서 이정한 교수는 이들의 교수직 진출과정에서도 마치 자신의 일처럼 모든 역량과 인맥을 동원하며 이들이 대학에 자리잡는 데 지원과 협력을 아끼지 않았다.

이정한 교수의 주도로 설립의 계기가 마련된 연세법학회는 지금도 여름방학과 겨울방학, 매년 2회의 정기학술세미나를 개최하고 있으며, 이 세미나는 연세대학교 대학원 법학과 출신의 학문적 기량을 닦는 도량인 동시에 전국에 흩어져 있는 선후배 간의 만남의 장으로서 상호 학문적 교류는 물론 인간적 유대관계를 증진시키는 데 결정적인 역할을 하고 있다.

연세법학연구회 창립추진회원과 이정한 교수 생가, 1982. 8.

5. 연세법학 구성원의 유대감 조성

이정한 교수의 연세법학 사랑은 공적인 역할에 그치지 않고, 특히 동문, 제자들과의 인간적인 면에서 깊은 유대감을 가진다. 이정한 교수실은 학교를 찾아오는 모든 동문들의 편안한 방문처이기도 하고, 인생의 고민을 안고 있는 제자들의 상담처이기도 했다. 이정한 교수는 늘 부드럽고 따뜻한 마음으로 어려움을 호소하는 모든 이들과 함께 고민하며, 이들과 지혜를 함께 나누는 역할도 도맡아 하였다. 어쩌면 집안의 큰 형님이나 어머니와 같은 역할을 도맡아 하였다.

연세법학 구성원에게 스승이자, 자상한 선배로서 구심점 역할을 감당하였다. 당시 대학원 석·박사 과정의 대부분 재학생들은 설명절 때마다 교수님 댁을 찾아뵙고 세배드리는 관행이 있었는데, 전공에 관계없이 마지막 종착역은 언제나 이정한 교수님 댁이었다. 이선훈 사모께서는 여유롭지 못한 살림 가운데 자녀 1남 2녀(장남: 이동호, 장녀: 이연진, 차녀: 이승윤)를 키우며, 교수님을 헌신적으로 뒷바라지하셨고, 후학이나 제자들이 교수님 댁에 몰려가도 싫은 내색 하나 없이 저녁 늦게라도 밥상을 차려 오시곤 하였다. 막내인 이승윤(사학 '90 입학)도 후일 "그 당시 우리 집에는 후일 교수님이나 법조인이 되신 법현학사의 학생들이 꽤 자주 찾아오셔서 유쾌하게 식사를 하셨던 장면이 기억이 나고, 아버시는 학생들이 부탁하는 얘기를 항상 메모를 하실 정도로 다정다감하셨다"고 어린 시절을 회상하고 있다.

4 학문적 업적 및 경향

이정한 교수의 주된 관심 분야는 상법 중에서도 어음·수표법과 회사법이었다. 1966년 2월 은사이신 박원선 교수의 지도하에 "고지의무 위반에 관한 고찰"로 석사학위를 취득하였고, 1978년 2월 "판례를 중심으로 본 어음의 위조에 관한 연구"로 박사학위를 취득하였다. 그 당시에는 연세대학교 대학원 법학과의 입학정원이 한정되어 연간 석사학위 취득은 5~6명, 박사학위 취득은 1~2명에 불과하였다.

이정한 교수의 박사학위 논문인 "판례를 중심으로 본 어음의 위조에 관한 연구"는 1970년대 우리 경제사회에 있어서 화폐에 못지않게 거래상의 유통수단으로서 중요한 기능을 담당하던 어음을 악용하는 폐단으로 사회적 문제가 컸던 "어음위조"에 관하여 연구논문이나 판례가 부족한 실정에서 법적 쟁점을 집대성하고 관련 판례와 이론을 명쾌하게 정리하고 비교법적 검토와 함께 입법 방향을 제시한 최초의 학술적 논문이었다. 그동안 형식적 법리에 치우쳐 논의되던 어음 위조자와 피위조자의 책임에 관해 어음의 문언증권성과 유통증권성, 어음법의 정적 안전 보호와 동적 안전 보호 문제를 균형적 시각에서 심도 있게 다룸으로써 상법학계의 큰 관심과 호응을 받았고, 학술적 가치가 매우 높은 논문으로 평가되기도 하였다.

이 논문에서는 유통증권으로서 어음의 유통성을 강화하기 위해 선의의 제3자 보호와 같은 동적 안전 보호와 정적 안전 보호의 균형적 시각에서 어음 피위조자의 책임과 위조자의 책임에 관한 문제를 다루고 있다. 이정한 교수의 평소 합리적·실용적인 품성을 반영하듯이 이 논문은 종래 형식적·의례적인 조문해석 중심의 이론과 판례를 넘어 거래 현실에 상응하는 정치한 논리를 보여주고 있다. 즉, 어음이 위조된 경우에 종래의 통설과 판례는 어음위조자는 자기명의로 어음행위를 하지 않기 때문에 어음의 문언증권성에 비추어 어음채무를 부담시킬 기초가 없으므로 어음상의 책임은 부담하지 않는다는 입장이었으나, 이러한 주장은 정상적인 어음기래에 관해서만 적용되며, 예외적인 위조의 경우, 더구나 하등 보호할 가치가 없는 위조자에게 이 원칙을 적용함은 부당하다는 논거 등을 통해 위조자에 대한 어음상의 책임을 인정하는 입장을 취하였다. 더구나 무권대리인의 법정 책임의 근거가 본인 부책의 외관 작출에 의한 책임, 이 외관에 의한 제3자의 신뢰를 보호하기 위한 담보조건이라고 하는 데 있다고 한다면, 위조자에게도 똑같은 책임을 인정하는 것이 타당하다는 주장을 폄으로써 학설상 많은 지지를 받기도 하였다.

어음의 피위조자의 책임과 관련하여 표현대리책임과 사용자책임의 중요요건과 내용, 그리고 양 책임의 관계를 분석·검토하고 있다. 어음위조의 경우에 어음거래에 있어서 거래안전의 사회적 수요, 선의의 소지인의 보호가 중요시되는 시대적 요청과 판례의 경향에 따라 제3자가 위조자에게 어음행위를 할 수 있는 권한이 있다고 믿고, 또 그와 같이 믿게끔 한데 대해 피위조자에게 책임이 있는 경우 민법상 표현대리에 관한 규성을 직극적으로 유추적용하여 책임을 지우는 입장을 보이고 있다. 다만, 제3자의 범위와 관련하여 어음의 유통증권성을 고려하여 어음행위의 직접 상대방뿐만 아니라 어음관계에 참가한 모든 자(제3 취득자)를 포함시키도록 함으로써 그 범위를 확장하는 입장을 나타내고 있다.

피위조자의 책임으로서 사용자책임과 관련하여 사무집행의 범위가 문제로 되는데, 종래 판례는 사무집행과 일체불가분의 행위에 한한다고 엄격하게 제한적으로 해석하였으나, 이 논문에서는 본래의 직무집행행위와 밀접한 관련 내지 상당한 관련성이 있는 행위에까지 확장해석하는 태도를 보이고 있다. 또한 민법 제756조의 사용자책임 규정 자체에는 제3자에게 정당한 이유나 선의·무과실을 요구하는 문언은 없으나, 가해자와 피해자 간이 이익형량을 기하고 손해의 공평부담을 위해 원고측에 악의·중과실이 있는 경우에는 배상책임을 부정하는 입장을 취하고 있다.

이정한 교수의 주된 관심분야는 어음·수표법 분야였으나, 상법의 중요 분야인 회사법 강의를 위해 1979년 은사이신 박원선 교수와 공저로 「전정 회사법」을 출간하였다.[6] 당시 우리나라 상법전, 특히 회사법규는 1차적으로 독일을 중심으로 하는 대륙법계를 계수함에 이어, 2차적으로 미국을 위주로 하여 영미법계를 도입한 상태였다. 이 저서의 특징은 양 법계를 올바르게 해석하고 연구하기 위해서는 모법에 속하는 이들 여러 나라의 법제들을 충분히 이해할 필요가 있음을 고려하여 비교법제를 중시하여 저술하였다. 또한 실정법의 입법정신을 이해하고 실제의 적용사례를 참고할 수 있도록 당시의 국내 학설과 판례는 물론 일본, 독일, 그리고 영미의 학설과 판례를 수록하는 한편, 성문법주의를 취하는 우리나라 법학이 법리의 공론화로 치우치지 않도록 기업실무에 대한 실태도 포함하여 당시 법학도와 법조계의 많은 호응을 얻었다.

이정한 교수의 대표적 저서의 하나인 「국제계약론」은 대학원 제자이자 후배인 신두식(법학 '71 입학) 당시 삼성물산 법무과장과 심혈을 기울여 공저한 저서이다.[7] 당시 무역이 우리나라 경제성장을 견인하고 있었지만, 그 핵심인 국제거래에 대한 지식부족으로 그 이면에서 해당 기업은 물론 국가적으로도 보이지 않는 커다란 손실이 초래되고 있음을 염두에 두고, 외국과의 각종 상거래계약, 합작투자계약, 기술도입계약, 대리점계약 등을 체결하면서 발생할 수 있는 불리한 계약조건을 극복할 수 있도록 집필되었다. 본서의 가장 큰 특징은 국제계약에 대한 법률이론 및 실무경험의 부족으로 계약서 작성에 애로를 느끼고 있는 기업들을 위해 실제 예문을 중심으로 기술되었다는 점이다. 제1편 총론에서는 국제계약 체결을 위한 기초적이고도 필수적인 이론을 설명하고, 제2편에서는 사용빈도 수가 많은 상품매매계약 등 8가지의 계약에 관하여 많은 예문과 함께 이를 체계적으로 설명하였으며, 제3편에서는 실제로 국제거래시 사용되고 있는 계약서의 모델을 수록하였다. 본서의 출간으로 무역에 종사하는 기업들은 시간과 경비의 절약은 물론이고, 분쟁의 사전예방에도 큰 보탬이 되었다.

그밖에도 이정한 교수는 어음수표법 분야에서 20여 편의 학술논문을 저술하는 등 모교 연세대학교 법학과, 법과대학의 각종 행정과 대외업무에 헌신 봉사하면서도 학문적 활동을 게을리하지 않았다. 장남인 이동호는 이정한 교수를 "집에서도 늘 책상에 앉아 계셔서 뒷모습이 더 익숙한 아버지였다"고 그 당시 아버지에 대한 추억을 간직하고 있으며, 막내인 이승윤도 "어릴 적 기억나는 아버지는 항상 집에서는 서재에서 공부를 하시거나 책을 쓰시는 분이셨다"고 회상하고 있다.

5 맺음말: 섬김의 리더십을 실천한 스승

이정한 교수는 1957년 연세대학교 법학과 입학 이후 33년간 연세동산에서 배우고 가르치며 모든 연세인이 간직해야 할 진정한 섬김의 리더십(servant leadership)이 무엇인가를 보여주고 우리 곁을 떠나갔다. 그는 연세법학의 선(善)한 청지기로서 어음·수표법과 회사법 분야에서 교육과 연구를 통해 빛나는 학문적 성과를 쌓았고, 비록 이름이 크게 나지 않더라도, 아무런 대가가 따르지 않더라도 그 낮고 보이지 않는 곳에서 법과대학의 크고 작은 일을 두루 맡아 헌신적으로 봉사하였다.

진정성과 성실성을 바탕으로 모든 동문 선·후배, 제자들의 기쁨과 어려움을 함께 나누었으며, 그에게는 하루 낮과 하루 밤도 고요하지 않았다. 대학원에 진학하고자 하는 사람, 고시공부에 방황하는 사람, 학위논문을 준비하는 사람, 교수직에 지망하는 사람, 가사나 애정 문제로 고민하는 사람 등 온갖 과제를 안고 찾아오는 이들에게 이정한 교수는 인간적이고 편안한 언덕이 되어 주었고, 충심(衷心)으로 격려와 처방, 때로는 물질적 지원을 베풀었다. 주위의 사람들이 이루어 낸 작은 성공이나 미담조차도 자신의 일 이상으로 기뻐하고 자랑스러워하였다.

지난날 연세법학을 향한 이정한 교수의 무한한 사랑과 섬김의 리더십은 하나의 밀알이 되어 연세대학교 법과대학이 우리나라 법학교육의 중심축으로 우뚝 서고, 진리와 자유의 연세정신으로 섬김의 리더십을 실현하는 수많은 인재를 배출하는 원천이 되었다. 연세법학회의 창립은 연세법학의 학문적 후속세대들이 법학의 모든 분야에서 우리 연세의 오랜 전통인 실사구시의 학풍을 계승하여 학문적 발전과 법률문화 창달에 커다란 업적을 남기는 전환점이 되었다. 법과대학의 역사와 전통을 이어받은 법학전문대학원(로스쿨) 또한 연세법학이 계승해온 자랑스러운 성과를 이어받아 시대적 소임을 다할 것이며, 그 출발점에 서 있던 이정한 교수의 연세법학 중흥을 위한 헌신과 봉사, 그리고 섬김의 리더십은 우리 연세 법현인(法賢人)의 가슴 속에 영원히 남을 것이다.

이정한(李楨漢) 교수 연보(年譜)

연 도	내 용
1936년	경기도 양주군 와부면에서 출생
1957년	서울 동성고등학교 졸업
1963년	연세대학교 정법대학 법학과 졸업
1966년	연세대학교 대학원 법학과 석사과정 졸업(법학석사)
1967년~1971년	덕성여자고등학교 교사
1969년~1975년	연세대학교 법률문제연구소 상임간사 및 연구원
1970년~1975년	연세대학교 정법대학 시간강사
1978년	연세대학교 대학원 법학박사 학위 취득
1975년~1991년	연세대학교 법과대학 전임강사, 조교수, 부교수, 교수
1975년~1991년	상법개정심의위원, 사법시험위원, 행정고시위원, 공인회계사시험위원 등 역임
1991년	작고

미주

1) 요한복음 8장 32절.

2) 연세법학연구회, 「延世法學硏究」 제2집(연세대학교 법과대학 법률문제연구소, 1992).

3) 법현학사 건립 이후에도 생활이 어려운 국가고시 지망생들을 위해 많은 동문들이 장학금을 기탁하는 일아 많았고, 이를 보다 조직적으로 추진하기 위해 '법현학사장학회'가 결성되었으며, 법현장학회로 이름을 바꾸었다. 연세법학 90년사 편찬위원회, 앞의 책, 397면.

4) 법현학사는 법학과 창설 20주년 기념사업회가 조직된 1969년에 건립계획이 수립되었으며, 동문, 재학생, 학부형, 사회지도층 등의 모금으로 1975년 11월 개원하였고, 1979년 12월 증축하여 80여 명을 수용하였다. 연세법학 90년사 편찬위원회, 「연세법학 90년사(1921－2011)」, 144면.

5) 연세법학 90년사 편찬위원회, 앞의 책, 405면.

6) 박원선·이정한, 「전정 회사법」(수학사, 1979).

7) 이정한·신두식, 「국제계약론」(대명출판사, 1985).

Ⅳ

손주찬(孫珠瓚) 교수
(1923~2005)

춘강(椿江) 손주찬 교수 회고록

집필자 경익수(대전대학교 명예교수)

Ⅳ

손주찬(孫珠瓚) 교수

(1923~2005)

춘강(椿江) 손주찬 교수 회고록

집필자 경익수(대전대학교 명예교수)

1 첫 만남

1979년 막 입주를 하기 시작한 아파트여서 집 집마다 아직 전화가 채 설치되기 전이었다. 그래서 연락할 일이 있으면 단지 내의 공중전화를 이용할 수밖에 없었다. 나도 전화할 일이 있어 공중전화 부스로 갔는데, 앞서 전화를 하시던 연세 드신 분이 전화에 대고 "손주찬입니다"라고 하시는 게 아닌가. 대학원 석사과정 3학기였던 나는 중앙대학교에서 상법을 담당하시던 손주찬 교수께서 연세대학교로 부임하신다는 말씀을 들은 바 있던 참인데, 그 함자를 쓰시는 분이 바로 눈앞에 계신 것이었다. 우연도 이런 우연이 있나 싶은 생각이 들었다. 통화를 마치고 나오시는 분께 연세대학교 법대 석사과정에 있는 아무개라고 정중히 인사를 드렸더니 반갑게 맞이하여 주셨다. 그때가 더운 때라서 반팔의 편한 복장으로 선생님과의 첫 만남은 그렇게 시작되었다.

그 후 나는 조교 신청을 하였고, 선생님께서 바로 나를 당신의 조교로 선택하셔서, 그 결과 선생님께서 연세대학교로 부임하시면서 내가 첫 조교가 된 것이었다. 선생님과 함께 한 첫 학기는 어떻게 지나갔는지 기억이 나질 않는다. 처음 해 보는 조교생활이었고, 석사학위 논문을 작성하느라 정신이 없을 때이었으니까.

2년여 기간 군복무를 마치고 1983년 9월에 박사과정에 입학하고 조교로서 선생님을 다시 모시게 되었고, 본격적으로 수업을 듣게 되었다. 처음 뵈었을 때부터 수업을 들어보고 싶었으나 조교 신분으로 학생들 출석을 체크하면서 그들과 수업을 함께 듣는다는 것이 어색하여 미처 행하지 못하였었는데, 이때 수업을 들으면서 새로운 세계를 맞이하게 되었다. 지금도 기억에 남는 것은 상업장부에 관한 수업이었다. 상업장부라는 부분은 학생신분으로는 접해 볼 기회가 별로 없는 분야인지라 대부분 '이게 무슨 소리라는 거야'라고 하던 분야이었는데, 선생님의 수업은 상업장부에 관하여 하나의 작품을 만들어내는 수준이었다. 그 결과 그 자리에서 바로 수업 전체를 그대로 복기할 수 있을 정도이었으니까. 그때서야 비로소 강의라는 것이 이런 것이구나 하는 생각을 가지게 되었다. 그런 감동은 나중에 한 시험의 출제위원으로 들어갔을 때, 다른 출제위원들이 모두 상업장부 부분에 대하여는 출제포기선언을 하였는데, 내가 감히 담당하겠다고 나서게 되는 것으로 이어지기까지 하였다.

그 시절 적지 않은 분들이 선생님을 어려워하는 수준을 넘어 무서워하기까지 하였는데, 나는 선생님과 합이 맞아서인가 어렵기는 하였지만 무서워하는 것은 이해가 되지 않았다.

합이 맞기는 맞는 것 같았다. 선생님의 두 번째 조교는 동의대학교에서 총장을 역임한 심상무 교수였는데, 심상무 교수와 나는 동년배로서 학부는 내가 한 해 일찍 입학하였고 박사과정에는 심 교수가 먼저 입학하여 앞뒤가 바뀌었지만 서로 친하게 지내던 사이였는데, 심 교수는 자기는 하루 종일 연구실을 지키고 있다가 화장실에 잠깐 가면 그 사이에 선생님으로부터 전화가 와 응당 전화를 받지 못하여 결과적으로 계속 자리를 비운 꼴이 되고, 나는 내도록 자리를 비우다가 잠시 연구실에 들르면 그때 선생님으로부터 전화가 와 전화를 받을 수 있어서 나는 계속 연구실을 지키고 있던 것으로 된다고 '세상 불공평하다'는 말을 곧잘 하곤 하였다.

또 이런 일도 있었다. 하루는 표정이 별로 좋아 보이지 않으시더니, 가방에서 카메라를 꺼내시면서 구입한 지 얼마 되지 않은 것인데 셔터가 눌러지지 않으니 수리를 부탁한다고 하셨다. 나도 이렇게도 해 보고 저렇게도 해 보았지만 셔터가 꿈쩍도 하지 않았다. 신촌 네거리에 있는 카메라점에 가 보았으나 고치지 못하겠다고 하였고, 그래서 그 길로 신세계 백화점 근처 카메라점들이 많이 모여 있는 곳으로 갔는데, 그곳 주인도 왜 그런지 모르겠다고 난감해하였다. 내심 '이거 단단히 고장이 난 모양이구나. 수리도 어려울뿐더러 고친다 하더라도 비용이 만만치 않겠는데' 하며 걱정을 하고 있었는데, 그때 마침 TV에서 초능력자 유리 겔러의 마술쇼가 방영되고 있었다. 그 장면을 본 내가 주인에게 "이거 유리 겔러라면 고칠 수 있으려나요?" 하며 농담을 던지고 서로 웃었는데, 그러고 나서 얼마 지나지 않아 내가 무심결에 셔터를 눌렀더니 처르륵 소리를 내며 셔터가 정상 작동되었다. 이게 무슨 일인가 싶어 다시 한번 시도를 해 보니 모든 것이 OK! 카메라점 주인에게 수고비 얼마를 드리면 되냐고 물으니 자기가 한 게 없으니 받을 게 없지 않느냐며 그냥 가라고 한다. 다음 날 선생님을 뵙고 '유리 겔러 쇼' 말씀을 드리며 정상 작동하는 카메라를 드렸더니 대단히 만족해하셨다. 이 역시 뭔가 제대로 한 일이 있는 것도 아닌데 결과적으로는 해피 엔딩이어서, 선생님과 내가 합이 잘 맞은 일례라고 할 수 있을 것 같다.

당시 선생님께서는 교수진의 중심을 잘 잡아 주셨던 것으로 생각된다. 워낙 과묵하시어 평소 별말씀이 없으셨지만 말씀 한마디 한마디가 핵심을 꿰뚫고 있어 주변 분들의 공감을 사기에 충분하였다고 생각된다. 상법 분야만을 볼 때에도 가장 연장자이신 선생님을 중심으로 박길준 교수와 고 이정한 교수 3분의 합은 정말 최고이었다. 이러한 모습들이 1980년대 들어 연세대학교 법과대학이 과거와 달리 눈부시게 발전하는 데 크게 기여를 한 것으로 사료된다.

내가 대전대학교에 자리를 잡으면서 은사님들로부터 들은 귀한 말씀 중 두 가지가 기억에 남는다. 하나는 고 양승두 교수께서 해 주신 "부임하거든 용원 분들한테부터 인사 잘하라"는 말씀이었고, 다른 하나는 선생님께서 "강의 중에 모르는 질문을 받으면 솔직히 모른다고 하고 연구조사한 후 다음 시간에 명쾌하게 답해 주면 된다"는 말씀이었다.

연세대학교 상대에서 상법강의를 하면서 상법상의 법정이자율에 대하여 설명하던 중 곁들여 이자제한법에 관하여도 설명도 하였는데, 한 학생이 자기의 아버지가 사업을 하는데 내가 설명한 이자율을 넘어서는 이자를 받고 있는데 아무런 법률문제가 생기지 않고 있으니 이상하지 않느냐는 것이었다. 아직 강의경험이 많지 않던 시절에 공개적으로 당황스러운 상황에 처하게 되었던 것인데, 나중에 선생님께 난처했던 상황에 대하여 말씀을 드렸더니, "교수라고 다 알 수 있나? 모르는 것이 있으면 솔직히 모른다고 하고 돌아와서 열심히 연구하여 추후 확실하게 알려주면 된다"고 말씀해 주신 바 있다. 인터넷이나 DVD DB를 통하여 법조문 등 필요한 자료를 찾을 수 있는 지금과 달리, 그때는 붉은 표지의 커다란 28권짜리 법전을 일일이 뒤져 보며 찾아야 하던 시절이었다. 그걸 뒤졌더니 대부업법이라는 법을 발견하게 되었고, 대부업자들은 이자제한법의 적용에 앞서 대부업법상의 이자율이 적용되는 것을 알게 되어, 그다음 수업시간에 들어가 질문한 학생에게 확실하게 답해 주었던 경험이 생각난다. 알고 보니 그 학생의 부친이 하는 사업이 사채업이었다. 그 이후로는 모르는 질문을 받게 되더라도 당황하지 않고 솔직히 모르겠다고 답하고 추후 열심히 조사하여 답해 주게 되었다. 강의에 임하는 데 필요한 중요한 기술을 선생님으로부터 배운 것이다.

2 타고난 학자, 생활의 모든 것이 연구

젊었을 적 난 개인적으로는, 우리나라 상법의 제1세대는 105세까지 천수를 누리신 최태영 교수와 박원선 교수이셨고, 그 뒤를 이은 제2세대는 정희철 교수, 서돈각 교수, 그리고 선생님이라고 생각하고 있었다. 이분들 모두 상법의 태두로서 타고난 학자이셨고 선생님께서도 그분들 중의 한 분이셨던 것이다.

선생님께서는 강의시간 외에는 늘상 연구실 책상에 우리나라의 자료들은 물론이고 독일·일본 등 외국의 문헌까지 펼쳐 놓으시고 몰두하여 무언가를 쓰고 계셨다. 가끔 댁으로 방문하면 한결같이 늘 서재에서 나오셨다. 거실이나 안방에서 나오시는 법이 없었다. 연구가 바로 생활인 그런 모습이었다고 생각된다. 그래서 언제든 준비된 학자이실 수 있지 않았을까 생각된다.

한번은 대기업 법무실에서 근무하고 있던 선배로부터 내게 질의가 하나 왔다. 어음의 상실로 인하여 제권판결과 선의취득의 논리가 충돌하는 경우, 제권판결취득자와 선의취득자 간에 어느 쪽의 권리가 우선하느냐는 것이었다. 이 질문에 대하여 나름 열심히 조사하였으나 아무리 뒤지고 아무리 이분 저분을 찾아 여쭈어보아도 명쾌한 답을 구할 수 없었다. 당시에는 지금과 달라 인터넷의 도움을 받을 수 있는 시절이 아니어서 아날로그 방식으로 일일이 찾아다녀야만 하던 시절이었다. 또한 나의 경우 학부생 시절에 한 수업시간에 교수님께 질문을 드렸더니 교수님께서 주신 대답이 "군이 무얼 안다고 질문을 하나?"였었다. 그 이후 교수님들께 좀처럼 질문을 할 수가 없었다. 하지만 현업에 종사하는 선배로부터 받은 법률 관련 문제인지라 박사과정에 있는 나로서는 납득이 갈 만한 답을 해드려야 된다고 생각했기에, 마지막으로 선생님께 질문을 드렸더니, 잠시 나를 쳐다보시더니 좋은 질문이라고 하시면서, 양자의 권리가 충돌하기 마련이어서 견해가 나누이는데, 형식적 지위의 회복에 그치는 제권판결취득자보다는 권리를 원시취득하는 효과가 인정되는 선의취득자의 지위가 우선하는 것이 더 합리적이라고 명쾌하게 답을 하여 주셨다. 전술한 상업장부 강의에서의 감동을 넘어서는 순간이었다. 나를 통하여 확실한 답을 얻은 선배는 질의했던 문제를 잘 해결할 수 있어서 회사로부터 신뢰를 받았다고 했고, 그 이후 이에 관한 내용이 선생님의 교과서를 필두로 하여 책에 언급되기 시작한 것으로 알고 있다.

선생님께서는 엄청난 추진력의 소유자이셨다. 그 많은 저서와 논문들은 물론, 기본강의 외에도 외부에서의 강의 내지 강연과 각종의 학회활동, 그리고 독일과 일본을 비롯한 외국과의 관계 등 가히 철인적인 모습으로 수행해 내셨다.

1984년에는 상법 제정 21년 만에 최초로 상법이 개정되었는데, 법무부 민법·상법개정특별심사위원회 상법분과위원회 위원장을 담당하셨던 바 그 개정작업만으로도 바쁘셨을 텐데, 그 와중에도 짬을 내어 교과서의 개정작업과 개정법에 대한 축조해설집을 준비하고 계셨다. 상법 전반에 걸쳐 개정하려던 최초의 개정의도와는 달리 범위가 상법총칙·상행위·회사로 축소되었지만, 그 범주 내에서만으로도 대폭적인 개정인지라 교과서도 개정하여야 할 부분이 적지 않았다. 옆에서 도와드리던 내 느낌으로는 거의 책을 새로 쓰시는 수준이었다. 교정을 보는 과정에서, 선생님의 고향이 경상도이어서 표현이 좀 어색하다고 생각되는 부분이 있어 빨간색 펜으로 나름 일일이 표시를 해드렸는데, 표현은 잘못 건드리면 오히려 과오를 불러올 수 있으니 그대로 두고, 법조문과 내용에 있어 틀린 부분만 체크하라고 하셨던 것으로 기억난다. 표현은 주관적인 것이고 법조문과 내용은 객관적으로 드러나는 것이어서 객관적으로 잘못된 것이 없도록 치중하시는 것으로 생각되었다. 그래서 나로서는 법조문과 내용이 틀린 것을 일일이 확인하는 과정에서 상법의 내용을 충실하게 이해할 수 있게 되었던 것이 생각난다.

1984년 여름이었다. 하루는 부르시더니 보험계약법에 관한 책을 한 권 건네주시면서 이틀 시간을 줄 터이니 원고지 180매로 요약하여 달라고 하신다. 순간 내 얼굴에 난감한 표정이 보였는지 학교에 나올 필요 없으니까 집에서 작업을 하라는 말씀까지 하셨다. '이틀 사이에 원고지 180매'는 그냥 베끼기만 하기에도 벅찬 양이었지만, 이 일이 있기 얼마 전에 국제법을 담당하시던 고 김정건 교수님으로부터 수업에 임할 때에는 자신이 직접 철저히 준비하고 들어와야 한다는 따끔한 말씀을 들은 지 얼마 되지 않은 시점이었기에 '그래 한 번 도전해 보자' 하는 마음에 묵묵히 수행하기로 하였다. 첫날 종일 꼬박 앉아 요약하느라고 머리를 굴려 가며 원고지 약 90페이지를 쓰고 나니 온몸이 쑤시고 검지는 얼얼하면서 열이 확확 났다. '죽기 아니면 까무러치기'라는 생각으로 둘째 날도 버티어 내어 결국 그날까지 마무리를 해내었다. '이게 가능해?' 하고 의심했던 일이 어쨌든 현실로 이루어진 것이다. 상법 교과서 개정작업과 이 원고 180매 건 등을 겪으면서 선생님의 추진력에 대하여는 더 이상 토를 달지 않기로 했다.

3 활발한 외부활동

선생님께서 연구실에 오시면 첫 말씀이 "전화 온 것 있나?"였다. 사모님과 전화하실 때에도 마찬가지였다. 그만큼 외부활동이 많으시다는 의미인 것이다. 연세대학교에서의 강의는 기본인 것이고, 인근 이화대학교와 보험공사를 비롯한 외부기관에서의 강의나 강연, 그리고 각종 위원회 등의 회의가 계속 이어진 것으로 생각된다.

나 개인적으로는 선생님의 외부활동 중 무엇보다도 의의가 크다고 판단되는 것은 상법의 제정 및 개정 작업이다. 1948년 정부수립 직후 설치된 법전편찬위원회가 1949년에 우리 상법의 제정을 위한 기초작업에 착수하였으나 1950년 6·25 사변의 발발로 인하여 여의치 않게 되어 1957년에야 그 초안이 완성되었고, 1960년에 정부가 이를 상법안으로 의결하여 국회에 제출했으나 심의가 이루어지지는 못하였으며, 그 이듬

해인 1961년 5·16군사혁명이 발발하고서 구법령정비사업의 일환으로 국가재건최고회의 법제사법위원회 내에 상법심의위원회를 구성하여 상법안의 심의를 거듭한 끝에 1962년 1월 19일 국가재건최고회의 상임위원회를 통과하였다. 1962년 1월 20일 법률 제1000호로 상법이 공포되어 1963년 1월 1일부터 시행되었고, 의용상법은 그 효력을 상실하게 되었다.

한번은 선생님께서 해상법 분야에서의 일화를 말씀해 주신 적이 있었다. 당시 선주책임제한제도는 1924년 협약을 수용하였는데, 협약상 한도액이 '포장당 또는 선적단위당 100골드 파운드(sterling gold pounds)'라고 규정되어 있는바, 골드 파운드의 가치가 우리 돈으로 얼마나 되는지를 정할 필요가 있었는데, 이에 대한 정확한 자료가 없어서 알아보시려고, 정부 관련 부처에 가면 한국은행으로 가서 알아보라고 하고 한국은행으로 가면 정부 관련 부처로 가서 알아보라고 하면서 서로 미루기만 하여, 은근히 화가 나신 선생님께서는 어쨌든 해결하여야 할 사항인지라 한국은행으로 다시 가셨는데 담당자가 또 핑퐁식으로 대처하자 상의 안주머니에 넣어 가신 국가재건최고회의라고 적힌 봉투를 꺼내어 보여주셨다고 한다. 그제서야 아이쿠 하며 친절히 알려주어 해당 규정을 완성할 수 있었다고 하셨다. 공공기관의 정보공개법상 모든 국민이 정부기관 및 공공기관에 대하여 궁금한 점에 대해 정보공개를 당당히 요구할 수 있는 지금의 시각으로는 이해하기 어려울 것이다. 당시 국가재건최고회의의 위상이 어떠하였는지를 미루어 짐작할 수 있는 대목이며, 그야말로 호랑이 담배 먹던 시절의 이야기이다.

특히 일반인들에게는 생소한 해상법 분야는, 상법 제정시 당시 외항선 선장으로 재직하던 박현규 해사문제연구소 이사장께서 해상법의 필요성을 강조하며 초안을 잡으시고, 한국해법학회 2대 회장을 역임하신 선생님께서 초대 회장 서돈각 교수와 한국해양대학 이준수 교수, 해상 변호사, 해운 실무자 등과 함께 해상법 체계의 기반을 마련하신 점은 그 의의가 크다 하겠다.

1963년 1월 1일부터 시행된 상법은 제정 후 20여 년간의 급속한 경제발전으로 인하여 법규정과 현실 간에 괴리가 생겨, 기업자금조달의 원활화·투자자 등 기업 이해관계인의 보호 강화·주식회사 운영의 효율화·주식회사제도의 남용 방지·불합리하고 비현실적인 규정의 정비 등을 위하여 1984년 4월 10일 '총칙편과 회사편'을 일부 개정하였다. 이때 선생님께서는 1981년 법무부 민법·상법개정특별심사위원회 상법분과위원회 위원장직을 맡아 상법 개정에 있어서 주도적인 역할을 하셨다.

이어서 1991년 12월 31일에는 상법 중 '보험편과 해상편'에 대한 대폭적인 개정이 있었다. 이때도 선생님께서는 1986년부터 법무부 상법개정특별분과위원회 위원장직을 맡아 계속 주도적인 역할을 하셨다.

주지하다시피 해상은 보험의 뒷받침이 없이는 존재할 수 없는바, 해상법에 남다른 애착을 가지신 선생님께서는 보험학회 활동도 열심히 하셨다. 한국보험학회 초창기 멤버인 성균관대학교의 한동호 교수·구하서 교수·대한보증보험 등 사장을 역임한 박은회 교수, 그리고 고려대학교의 송기철 교수 등과 더불어 한국보험학회의 기틀을 마련하는 데 힘쓴 장본인으로서 한국보험학회의 제5대 회장직을 역임하기도 하셨다.

1984년에 있은 손주찬 박사 화갑기념논문집 '상사법의 현대적 과제' 증정식은 선생님의 학자로서의 업적의 절정을 상징한다고 생각된다. 증정식은 프라자호텔 22층 덕수홀에서 있었는데, 법무부 장관을 비롯하여 학계·법조계·기업 실무계·후학들 등 하객이 400명에 이르렀을 정도로 성대한 행사이었다.

1989년에는 선생님의 정년퇴임을 맞이하여 춘강 손주찬 교수 정년기념 '경제법·상사법논집' 증정식이 있었는데, 이때는 하객이 150명에 불과하여 환갑기념논문집의 증정식과 비교하여 아쉬움이 남기도 하였다. 어찌 하겠는가 세상 인심이 다 그러한 것인 것을...

여기에는 숨은 이야기가 하나 있다. 선생님께서는 증정식 하객을 150명으로 추산하고 계셨는데, 회갑 때 400명의 하객을 함께 경험한 나로서는 염려되는 바가 있어 조심스럽게 150명은 너무 적게 잡으시는 것은 아닌가, 하객들이 많이 와서 자리나 음식이 부족하면 더욱 곤란하지 않을까 등의 말씀을 드렸더니 선생님께서 최종 250명으로 예약하셨는데, 그날의 하객은 150명 정도이었다. 본의 아니게 선생님께 적지 않은 금전적 손해를 끼친 셈이 되고 말았다.

선생님을 모시면서 간혹 왜 저렇게 하시지 의아해하면서도 지시하시는 대로 따라 할 수밖에 없던 적들이 있었는데, 그렇게 지시하시는 대로 행하고 나면 결과적으로 왜 그렇게 하여야 했는지 그 의미를 파악하게 되는 일이 몇 차례 있었음에도 불구하고, 중요한 시기에 시행착오를 범한 것이다.

4 타고난 체력

저 연세에 그 많은 활동을 어떻게 감당해 내시는 것일까? 옆에서 뵙고 있노라면 문득문득 이런 생각이 들곤 하였다. 궁금해하던 차에 선생님께서 안 계실 때에 댁으로 방문한 적이 있었다. 그 참에 사모님께 선생님께서 특별히 챙겨 하시는 운동이 있으신지 여쭈어보았다. 사모님의 답변은 간단했다. 그저 목욕을 즐겨 하시고 댁내에서 맨손체조 정도를 하실 뿐이란다. 그렇다면 타고난 건강체질이신 것이다. 아니면 공부 자체가 엔돌핀이나 도파민이 뿜어져 나올 정도로 즐거워서 하시는 것이거나. 아마 당신께서 제일 하시고 싶은 것이 공부인데, 그걸 마음껏 하실 수 있으니 더 바랄 것이 없으신 것은 아니었을까 싶다.

5 엄격한 공사의 구분

선생님께서는 워낙 과묵하신 데에다 원칙론자이셔서 다른 분들이 접근하기가 쉽지는 않으신 타입이라고 생각한다.

조교 시절을 돌이켜 보면 학생들 성적관리는 특히 엄격하셨다. 한 학생이 성적을 달라고 요청해 온 적이 있었다. 어떻게 연세대학교에 입학할 수 있었는지부터가 의문시되는 학생이었다. 어찌 되었든 그도 후배라는 생각을 가진 내가 보아도 성적을 인정할 만한 근거가 전혀 없었다. 그래도 당사자로서는 학사경고는 면하고 싶은 간절한 생각에 성적이의 신청을 한 것이니 말씀을 전해드릴 수밖에 없었다. 전후 사정을 들으신 선생님께서는 성적자료를 전부 확인해 보시고는 일고의 가치도 없다는 표정을 지으셨다. 그리곤 그것으로 끝이었다. 하지만 그 학생은 다른 교수님들께는 댁으로 찾아 뵙는다든지 새벽에 전화를 드린다든지 하는 처절한 읍소작전을 펼친 끝에 구제를 받은 과목도 있다고 들었으나, 선생님으로부터는 그런 결과를 얻을 수 없었다. 나도 교직생활을 해 보니 어떤 면에서는 그런 뭉치 학생들은 성적을 주어 얼른 내보내는 것이 현명한 처사라는 생각이 들기도 하지만, 매사에는 기준이 되는 선이 있는 것이고, 매년 많은 학생들을 계속 상대하여야 하는 입장을 고려하면 선생님과 같은 나름의 '원칙의 유지'가 필요하다는 생각을 저버릴 수 없다.

선생님께서는 평소 서돈각 교수를 깍듯이 대하셨다. 두 분 사이가 사제지간인 것으로 들은 바 있는데, 나중에 알고 보니 서돈각 교수는 1920년생이시고 선생님께서는 1923년생이시다. 불과 3살밖에 차이가 나지 않는다. 그래도 선생님께서는 서돈각 교수께 늘 깍듯이 예의를 갖추셨다. 이러한 모습에서도 공과 사를 엄격히 구분하는 선생님을 느낄 수 있었다.

공과 사를 엄히 구분하시다 보니 엄한 모습으로 비춰지기 쉬운데, 엄한 모습만 보이신 것은 아니라고 생각된다. 선생님의 호가 '춘강'이다. 참죽나무 椿에 강 江인데, 춘강이란 '동백꽃이 피는 강'을 말하고, 이는 '아름다운 자연과 봄의 생명력'을 상징한다고 한다. 베르디의 오페라 라트라비아타에 나오는 주인공이 바로 '춘희(椿姬)'이다. 그 원작 소설이 프랑스의 소설가 알렉상드르 뒤마 피스의 'La Dame aux Camélias(동백꽃을 들고 있는 여인)'인데, 이걸 일본에서 춘희라고 명명한 것이다. 추운 날씨에도 붉은 빛을 보이는 동백을 가리키는 춘 자를 쓰신 것만 보아도 얼마나 낭만적이셨는지 미루어 짐작할 수 있다.

남학생 위주인 연대생들에게는 엄한 선생님이셨겠지만 이웃 이화대학교 여학생들에게는 인기 만점이셨다고 한다. 이대 법대 대학원생들이 교차이수제도로 인하여 수업을 들으러 연대로 자주 왔다. 그럴 때 언뜻 언뜻 들려주는 얘기에 의하면 여학생들 강의에서는 셔츠 소매를 걷어 올리시고 인자하게 웃으시면서 강의를 하시는데 학생들로부터의 인기가 대단하였다고 한다. 연대 남학생들로서는 "진짜?" 하고 의문을 가질 수밖에 없을 텐데도 말이다.

이처럼 일견 엄해 보이시지만 제자 사랑은 다른 분들과 다를 바 없으셨다. 드러날 정도로 친근감을 표현하시거나 하지는 않으셨으나, 일단 신뢰가 형성되면 스승으로서 제자를 후원해 주시는 마음은 남달리 두터우셨다. 그리고 당신의 하나 하나의 언행은 바로 제자들의 귀감이었다고 생각된다. 그러한 지도를 받아 연세대학교 1세대 제자라고 할 수 있는 한남대의 김홍수 교수, 연세대의 홍복기 교수와 신현윤 교수, 대전대의 경익수 교수, 동의대의 심상무 교수 등의 제자들이 각자 자리 잡은 학교에서 교수로서 대과 없이 직무를 원만히 수행할 수 있었고, 그들 중 넷이 각자 봉직하는 학교에서 총장 또는 부총장의 직을 역임하였으니, 이게 별세하신 후의 일이긴 하지만 제자를 키운 스승으로서는 흐뭇해하실 일이 아닐 수 없다고 생각된다.

그 당시 연세대 법대는 사제지간의 정을 듬뿍 느낄 수 있는 미풍이 하나 있었는데, 설날 제자들이 아예 버스를 전세 내어 단체로 교수님들 댁으로 세배를 다닌 것이다. 교수님 댁이 단독주택인 경우에는 마당도 있고 하여 많은 인원들이 함께 들어갈 여지가 있었으나, 아파트인 경우에는 그럴 여지가 없어 한꺼번에 들어가는 것부터 쉽지 않았다. 그럼에도 불구하고 선생님 댁에 가면 사모님께서 매년 꼭 조랭이 떡국을 끓이셔서 그 많은 인원들이 모두 식사를 하고서 돌아갈 수 있도록 배려해 주셨다. 버스 한 대를 채울 인원을 위해 음식을 장만한다는 게 결코 쉽지 않은 일인데도 말이다. 아마 음식을 장만하시느라 온 식구가 동원되었을 것이다.

6 외국학자들과의 학술교류

우선 선생님께서는 독일어 구사능력이 상당하시어 1972년과 1977년 두 차례에 걸쳐 독일의 프라이부르흐 대학에 다녀오신 바가 있다. 그곳에 가셔서도 열심히 연구에 몰두하셨는지 독일 교수들에게 큰 신뢰를 쌓아 나중에 후학들이 프라이부르흐에 가서 손교수님의 제자라고 하면 대우가 달라졌다는 얘기가 있을 정도이었다. 1986년에 나도 프라이부르흐에 잠시 들린 적이 있는데, 한국에서 온 많은 유학생들이 손 교수님 제자라고 하고 있어, 당시 유학생 신분이었던 정작으로 찐제자인 신현윤 교수 자신은 아무 말도 하지 못하고 있다는 웃음 섞인 푸념을 듣기도 하였다.

한독법학회 회장까지 역임하신 선생님께서는 Freiburg 대학의 Ernst von Caemmer 교수, Zürich 대학의 Manfred Rehbinder 교수, Göttingen 대학의 Erwin Deusche 교수와 Ulrich Immengar 교수, Bonn 대학의 Wolfgang von Marchall 교수 등과 활발한 학술적 교류를 하시면서, 1979년 한독법학 제1권에는 Ernst von Caemmer 교수의 '법전편찬과 재판관법'을 번역하여 게재하셨고, 1983년 1월에는 독일의 출판사 Alfred Metzner Verlag을 통하여 Das koreanische Aktienrecht, Erste Auflage를 발간하셨고, 1985년 한독법학 제5권에는 '한독상법의 비교 –주식회사의 설립을 중심으로–'를 게재하셨으며, 1988년 대한체육회 강당에서 개최한 한독법률학회 '법과 스포츠'를 마친 후에 발간된 한독법학 제7권에서는 '스포츠와 보험법(Sport und Versicherungrecht)'을 게재하신 바 있다.

일제 강점기를 겪으신 세대이신지라 일본어는 자유자재로 구사하실 정도이셔서 일본 법학계와의 학술교류도 활발하셨다. 그러나 그렇다고 하여 마냥 일본을 지향하신 것은 아니었다. 우리 법학의 원조격이어서인지 평소 일본보다는 독일 법학을 더 중시하신 것으로 기억된다. 한번은 학술활동상 다른 교수님들과 도쿄에 다녀오셨는데 함께 가신 분들이 우에노 공원에 있는 사이고 다카모리(西鄕隆盛)의 동상을 보고 그 앞에서 기념사진을 촬영하는 것에 몰두하는 것을 보시고는 내심 마땅치 않으셨던 바를 말씀하신 적이 있다. 사이고 다카모리라는 인물은 메이지 시대 때 소위 정한론(征韓論)을 주장한 자로서, 일본에서는 추앙할 만한 인물일 수 있겠으나 우리로서는 경계하여야 할 존재임에도 불구하고 그런 역사적 인식을 하지 못한 채 유명한 우에노 공원 내에 있는 동상이라는 것만으로 사진촬영에 몰두하는 모습에 적지않이 안타까우셨던 것으로 짐작된다.

그러나 공적 업무인 학술활동은 학술활동인지라, 도쿄대학의 江頭憲治郎(강두헌치랑: 에가시라켄지로) 교수, 케이오 대학의 倉澤康一郎(창택강일랑: 쿠로사와 코이치로) 교수, 도쿄대학의 落合成一(낙합성일: 오치아이세이치) 교수 등의 일본 저명교수들과 더불어 학술교류를 활발히 하셨으며, 한일법학회 활동에도 참여하시어 학회지 '한일법학' 제3권(1984년)에 '한국상법학의 현대적 과제'라는 논문을 게재히기도 하셨다.

7 헤어짐, 그 후

평생을 상법학 연구에 몸을 바치신 선생님께서는 2005년 11월 20일 새벽 1시 50분경 향년 82세로 별세하였다. 평생 연구에만 몰두하신 당신께서는 병원에 입원하여 계시는 동안에도 상법개정자료를 곁에 두시고 무엇보다도 우선하여 신경을 쓰셨다고 한다. 해상법개정실무위원회 제51차 회의록에 따르면 2005년 5월 28일 한국해사문제연구소에서 관련 회의가 있었는데 선생님께서는 거기에도 참석하신 것을 알 수 있다. 그때쯤이면 병을 상당히 앓고 계셨을 즈음인데도 가족을 포함하여 주변에 아무 말씀도 하지 않으신 채 여전히 연구활동을 왕성하게 하고 계셨던 것을 알 수 있다.

생존해 계시는 동안 충청북도 음성군 어느 곳에 미리 당신의 납골당을 마련해 두셔서 돌아가신 후 그곳으로 모셨는데, 발인식 날 장지에 많은 분들이 함께하셨지만 어언 20년 전이라 모두 생각나지는 않고, 참석하신 분 중 기억에 남는 분들은 가족, 동생이신 동국대학교의 손해목 교수님 내외, 그리고 한남대학교의 김홍수 교수 정도이다.

선생님께서 돌아가신 이후 홀로 지내시게 된 사모님. 사모님께서는 선생님과 함께 독일 프라이부르흐에서 생활해 보셔서인가 독일 여성들은 늘 부지런히 무언가를 하고 있다고 말씀하신 적이 있는데, 그래서인지 댁을 방문하면 뜨개질을 비롯하여 무엇인가를 늘 하고 계셨다. 선생님께서 돌아가신 이후에도 명절 때가 되면 사모님을 찾아뵈었는데, 말씀을 나누고 헤어져 나올 때면 무릎이 불편하심에도 불구하고 현관까지 따라 나오시면서 항상 내게 잊지 않고 하시던 말씀이 있었다. “재미있게 사세요.” 아마 연구에만 몰두하신 선생님 때문에 당신의 삶을 돌이켜 보건대 그리 재미있지는 않으셨지 않나 싶다. 하긴 내가 아는 한 선생님께서는 연구 외에는 다른 취미가 없으셨으니까...

방이동 댁에서 혼자 지내시던 사모님을 마지막으로 찾아뵈었을 때 더 이상 만나기 힘들 거라는 말씀을 하셨다. 강릉인가에 계시는 따님과 함께 지내시기로 하셨다는 것이다. 거리도 거리이지만 따님 댁이 어디냐고까지는 여쭐 수 없는 노릇이어서 그 후로는 찾아뵐 수가 없었다. 그러다 한참의 시간이 지나, 어떻게 지내시는지 궁금하여 수소문 끝에 전화를 드렸더니, 그때가 92세인가 그러셨는데 귀가 잘 들리지 않으시어 내가 드리는 말씀을 알아듣지 못하시고, "할내다 누고?" "할메다 누고?"라는 말씀만 계속하셨다. 무릎이 불편하신 것은 알고 있었으나 귀가 어두워지신 것까지는 생각도 하지 못한 터이라 너무 안타까워 막내아들 손종경 교수와 통화했더니, 자신이 사는 아파트 단지 내의 맞은편 동에서 혼자 지내고 계시는데, 귀가 어두워지셨을 뿐만 아니라 치매증상도 나타나기 시작하여 며칠 후에 자신의 집으로 모시려고 한다고 하였다.

그리고는 내가 학교 보직까지 수행하느라 정신없이 지내고 있었는데, 2015년인가 어느날 손종경 교수로부터 전화가 왔다. 사모님께서 얼마 전에 돌아가셨고 모든 절차를 마친 지 좀 되었으며, 연세대학교 첫 조교였던 내게는 알려야 할 것 같아서 연락을 주었다고 한다.

첫 만남 이후로 서초동 아파트 단지 내에서 선생님을 조우한 적은 한 번도 없지만 필요할 때 언제든지 찾아뵙던 그 시절이 너무 그립다.

손주찬(孫珠瓚) 교수 연보(年譜)

연 도	내 용
1923년	경상북도 경주시 서악동 출생
1952년	서울대학교 법과대학 졸업(법학사)
1956년	서울대학교 대학원 졸업(법학석사)
1956년~1962년	건국대학교 전임강사, 조교수, 부교수
1962년~1979년	중앙대학교 부교수, 교수
1969년	중앙대학교 법학박사
1972년~1973년	독일 Freiburg 대학교에서 상법 연구
1973년~1975년	한국보험학회 회장
1977년~1978년	독일 Freiburg 대학교에서 상법 연구
1979년~1989년	연세대학교 법학과 교수
1981년	법무부 민법·상법개정특별심사위원회 상법분과위원회 위원장
1985년	한독법률학회 회장
1986년	법무부 상법개정특별분과위원회 위원장
1987년	경제기획원 약관심사위원회 위원장
1989년~1993년	한국해법학회장
2005년	작고

V

김정건(金楨鍵) 교수
(1933~2016)

대한민국 국제법 연구와 교육의 지평을 넓힌 법학자

집필자 이재곤(충남대학교 명예교수)

V

김정건(金楨鍵) 교수
(1933~2016)

대한민국 국제법 연구와 교육의 지평을 넓힌 법학자

집필자 이재곤(충남대학교 명예교수)

1 생애

2021년 연세법학교육이 100년을 맞이하였다. 그 100년의 긴 세월 중 1950년 문과대학 소속으로 법학과가 출범하기 전에는 상경대에 상법, 민법을 비롯한 국내법 과목들이 주로 개설되고 국제법 과목은 개설되지 못하였다. 1950년 법학과가 설립되면서 비로소 국제법 과목이 개설되었고 강의를 담당한 것은 정외과 소속이었던 신동욱 교수였다.[1)] 이후 1952년에 박관숙 교수가 법학과 소속 국제법교수로 부임하여 26년간 재임하면서 강의와 연구를 담당하였다. 1978년 3월 박관숙 교수가 작고한 후 1979년 김정건 교수가 그 후임으로 결정되어 국제법 담당교수로 부임하였다. 이후 1998년 정년퇴직할 때까지 봉직하면서 연세법학의 국제법 전통을 계승하며 많은 교육적, 학문적 업적을 남겼다.

김정건 교수는 1933년 7월 19일(음력) 지금은 북한이 점령하고 있는 평안남도 개천군 중남면에서 출생하였다. 해방 후 소련군이 점령하고 공산정권이 들어서자 떠밀리듯 함경도 지역으로 가족 전체가 이주하였다. 외아들이었던 자식의 장래를 걱정한 부모님의 강권으로 부모님과 누이들을 남겨두고 작은 누나와 함께 여러 번 죽음의 고비를 넘기며 당시 남북 간의 경계선이었고 삼엄한 경비하에 놓여 있던 소위 '38선'을 넘어 월남하였다. 작은 누나와의 생사를 건 월남 과정은 듣는 이에게도 긴장감을 주었으니 본인들이 현장에서 느낀 두려움과 긴장은 상상을 초월하는 정도였을 것이다. 이런 생사를 넘나드는 경험을 공유한 작은 누나와의 관계는 혈육이라는 것을 감안하더라도 남달리 깊은 우애를 나누는 남매였다. 사실 작은 누나는 동생 보호를 위하여 월남 길에 동행하였을 뿐만 아니라 그가 미국에서 어려움을 당하고 있을 때 큰돈을 보내줘 경제적 곤경을 극복할 수 있었는데 나중에 알고 보니 살던 집을 팔아 보낸 것이었다고 한다. 남한에 혈육이 없었던 그는 이런 누나를 거의 어머니처럼 모셨고 말년에 중병을 앓을 때도 지극 정성으로 돌봐주는 모습이 감동적이었다. 이산가족의 아픔을 안고 살며 북한에 남겨진 가족들의 안부를 궁금해하고 세월이 흐르며 더욱 부모님의 생사 여부도 모르며 사는 처지를 한탄하곤 했다. 노래 부를 기회가 생겨도 완강하게 사양하다가 어쩔 수 없이 불러야 하는 상황에서는 오직 '눈물 젖은 두만강'을 저음으로 느리게 부르곤 했는데 끝까지 완창한 적이 없지만 그 곡조에 교수님의 그야말로 '눈물 젖은' 애환이 담겨 있는 듯하여 마음을 울리던 모습이 생각난다.

생사를 건 월남 이후 얼마 지나지 않아 '한국전쟁'(6.25전쟁)이 발발하였고 군에 입대하여 복무하며 또 한 번 생사를 넘나드는 삶을 살아야

했다. 어린 시절부터 연마한 영어구사 능력으로 군에서 통역 업무를 수행하며 친분을 갖게 된 미국인의 도움으로 제대 후에 바로 도미하여 미주리대학교에서 학부를 마쳤다. 당시만 해도 아주 유복한 가정에서 자란 극소수의 자제들만 꿈꿀 수 있었던 미국 유학을 일가친척이 전혀 없이 월남한 '실향민'이 미국 유학을 꿈꾸고 이것을 이루어낸 것은 엄청난 도전이었으리라. 학부를 마칠 무렵 미주리주 캔사스시티 소재 병원에서 수련의과정을 수행하기 위해 체류 중이던 박경희 박사를 만나 결혼하여 가정을 이루게 되었다. 이후 부인이 미국의 수도 워싱턴 디시(Washington D.C.)의 병원으로 이직하게 되고 자신은 국립학술원(National Academy of Science)에서 연구원으로 근무하게 되었다. 조지워싱턴대학교에서 석사과정, 메릴랜드대학교에서 박사과정을 마치고 1965년 마침내 박사학위를 취득하였다. 박사학위과정 동안에 메릴랜드대학교에서 전임강사로 강의를 병행하였고, 학위취득 후에는 바로 노스캐롤라이나주 그린빌에 위치한 이스트캐롤라이나대학교의 조교수로 임용된 후 1979년 연세대학교 법과대학 교수로 부임하기까지 근무하였다. 연세대학교에는 1998년 정년퇴임 시까지 19년간 재직하였다. 이스트캐롤라이나대학교 재직 중이던 1972년에 연세대학교 정법대학에 교환교수로 1년간 근무하였으니 총 20년간 연세대학교에서 교육과 연구 활동을 한 것이다.

은퇴 후 용산 미8군병원 의사로 재직 중이던 부인과 함께 서울에 거주하였지만 부인도 퇴직하게 되면서 본인들의 결혼과 학위과정을 통하여 지인들이 많고 제2의 고향같이 느끼기도 했던 워싱턴 디시로 이주하였다. 이어 말년에는 작은아들이 살던 텍사스주 댈러스로 이주하였다. 불행히도 부인이 중병을 얻어 앓게 되면서 간병인과 함께 집에서 직접 돌보았는데 오히려 2016년 5월 5일 그토록 지극한 정성으로 간호하던 부인을 두고 먼저 하나님의 부르심을 받았다. 그의 부인에 대한 사랑도 남다른 것이었다. 1950년대에는 미국에 유학 가는 한국 사람이 극히 소수였고 더구나 여성의 경우는 더 심하여 한국 여성을 미국에서 만나 결혼한다는 것은 참 어려운 상황이었다고 한다. 그런데 부인을 만나 가정을 이루어 함께 동지 되어서 한국전쟁의 참화를 겪었던 한국이라는 최빈국가 출신들이 알게 모르게 당하던 여러 유형의 직·간접적 차별을 견뎌야 했다. 또한 가난한 유학생 부부가 겪어야만 했던 모든 역경을 이겨내고 대학교수와 의사로 미국의 주류사회에 진출하기까지의 힘든 여정을 함께 하였으니 그 사랑의 깊이가 더하였으리라. 부인의 병환이 깊어가며 많은 이들이 요양시설에서 돌봄을 받게 할 것을 권유하였지만 완강하게 집에서 직접 간병하기를 고집하였고 이것이 자신의 건강을 해쳤던 것으로 보이니 안타깝기 그지없다.

가족은 부인과의 사이에 두 아들을 두었는데 큰아들 경순은 미국 애틀랜타에서 소아과의사로 활동 중이고 작은아들 철순은 댈러스에서 IBM사에 근무하고 있다. 한편 부인은 2020년에 소천하였고 두 분은 미국 텍사스주 댈러스 소재 묘지에 함께 잠들어 있다.

김정건 교수의 호는 '벽파'(碧波)이다. 벽파는 '푸른 파도'라는 의미를 가지고 있다. 이 호는 같은 국제법 전공교수로 깊은 교제를 나누었던 김찬규 교수의 부친이고 한학자인 청사(靑沙) 김성대 선생이 지어준 것이다. 강직한 교수님의 성격과 생사를 건 월남과 한국전쟁에서의 군대복무, 먼 외국 땅에서의 가난한 나라 출신의 유학생으로 생활에서의 요동쳤던 삶의 여정을 잘 담아낸 것 같다.

교수님은 연세대학교 부임 후 대외활동에 적극적으로 참여하지 않았다. 그러다 보니 국제법학회에서도 총무이사, 연구이사 및 부회장을 역임하였지만 학회장을 맡지는 않았다. 역량과 열정을 생각하면 국제법학회와 국제법학계로서는 아쉬운 일이다. 하지만 학내에서는 학과장, 법률문제연구소장 등을 역임하였고 2년 임기의 법과대학장과 특허법무대학원장을 두 번 연임하며 학과와 학교 발전에 크게 기여하였다. 정년기념논문집에 기고한 '하사'(賀詞)에서 당시 법과대학장 이형국 교수는 "학장 재임 시에는 오랜 숙원이었던 입학정원의 확충을 이루어냈고, 시설의 보완, 교수진 보강 등을 통해 법과대학 발전을 이루었다"고 회고하였다.[2)] 또한 "특허법무대학원 초대 원장으로 기초를 닦고 독일 뮌헨대학교 막스프랑크연구소와 미국 워싱턴대학교와의 협력관계 수립을 통하여 국제적 지적재산권 교육·연구기관으로 도약하는 발판을 마련하였다"고 밝혔다.[3)]

2 만남과 가르침

필자가 연세대학교 법학과(당시는 정법대학 소속)에 진학하였을 때는 박관숙 교수가 국제법교수로 재직 중이었다. 하지만 안타깝게도 박관숙 교수는 1978년 3월 2일 작고하였다. 필자는 그해 7월에 군에 입대하여 최전방부대에 배치되어 후임 교수로 어떤 분이 부임하였는지 전혀 모른 채 1981년 제대하였고 그 후에야 김정건 교수님이 국제법 담당교수로 임용된 것을 알게 되었다. 나중에 안 일이지만 박관숙 교수 후임 맡기를 원하는 분들이 많이 있어서 경쟁이 심했지만 최종적으로 김정건 교수로 결정되었다고 한다.

교수님은 오랜 미국생활에도 불구하고 우리말로 일상적인 의사소통을 하는 데는 아무런 문제가 없었다. 하지만 한국에서 '학부'를 공부하지 않은 탓에 한국어 법률용어가 바로바로 떠오르지 않아 강의 중에 몇 번의 해프닝이 있었다는 소문이 법학과 내에 돌고 있었다. 그 중 대표적인 것은 코르푸해협(Corfu Channel)사건을 설명하면서 "알바니아가 설치한 어뢰공격으로 영국 군함이 파손되었다"는 것을 "영국 군함이 부상을 입었다"고 표현하여 학생들의 폭소가 터졌다는 이야기였다. 하지만 필자가 처음 교수님의 국제법 강의를 들었을 때는 이미 부임한 지 2년여가 지난 시점이어서 그와 같은 일은 없었고 다만 가끔 강의 중에 한국어 표현이 막히면 영어로 말씀하시며 이것을 말하려는 것이라고 말씀하셔서 교수님도 학생도 함께 웃으며 강의를 들었던 추억도 있다. 나중에 교수님 조교로 일할 때 박관숙 교수의 국제법교과서가 서가에 꽂혀 있어서 열어보니 한국어 법률용어를 익히기 위하여 치열하게 노력한 흔적이 보여 교수님의 고충을 엿볼 수 있었다.

어눌한 듯하면서도 군더더기 없이 논리적으로 진행되는 교수님의 국제법 강의는 국제법이라는 과목에 흥미를 갖게 해주었다. 필자에게 그보다 더 소중한 것은 강의 중간에 미국 유학 중에 아르바이트로 학비를 충당한 이야기, 미국사회에서의 은근한 인종차별 속에서 당했던 일들과 인내하며 이겨냈던 경험들을 전해준 것을 통한 가르침이었다. 학부 졸업 후 진로를 고민하며 언론계 쪽으로 방향을 잡았던 필자는 학부과정에서의 교수님 국제법 수업을 통하여 대학원에서 국제법을 전공하는 방향으로 진로를 수정하였다. 대학원 입시 합격 후 교수님을 만나 국제법을 전공하고 싶다고 말씀드리기 위하여 연구실을 처음 찾았을 때 교수님은 "국제법교수가 되고 싶은거냐"고 첫 질문을 했고 나는 "그러고 싶다"고 대답했다. 1984년 3월 당시, 지금은 전남대학교 법학전문대학원 명예교수인 장신선배가 교수님 조교를 맡고 있었는데 연구실에 책상 하나를 더 들이고 바로 보조조교로 출근하면서 그때부터 1989년까지 5년여의 긴 조교생활이 시작되었다.

긴 시간 교수님의 조교로 생활하며 국제법을 공부하고 연구방법을 터득하여 간 것이 가장 큰 일이었지만 어떻게 보면 삶의 모든 영역을 함께 배운 시간이었다. 첫 출근 날부터 헨킨(Henkin)의 케이스북 한 장(Chapter 1)을 번역 및 요약하는 과제를 준 것을 시작으로 원고교정, 작성된 초안 원고의 윤독(해방 전 한문과 일본어 교육으로 한국어 문장 어투가 고어체인 부분이 많아 독자를 위한 수정을 필요로 하였음) 등의 과제가 주어졌다. 주어지는 과제 중에는 때로는 꼭 해야 하는 작업인가 의문이 들 때도 있었다. 하지만 묵묵히 과제를 따라가다 보니 조금씩 국제법에 눈이 떠지는 것 같고 논문작성의 기초가 되는 학문적 문장도 작성할 수 있게 훈련되고 있는 것을 느낄 수 있었으며, 교수님의 계산된 훈련과정임을 나중에야 알 수 있었다. 교수님은 연구자는 "엉덩이가 무거워야 한다."는 말씀을 자주 했는데 본인도 일을 시작하면 화장실 가는 것도 잊은 채 몇 시간이고 일어나지 않고 몰두하는 모습으로 본을 보여주었다. 석사과정 때 국제법교과서 전면 개정작업을 도왔는데 한 학기 이상 이어진 작업과정에서 젊었던 필자도 따라가기 힘들 정도의 집중력으로 완결짓는 것을 보며 놀랐었다. 교수님은 또한 사법시험 수험서 등에 수험용 논문을 게재하는 것을 원하지 않았고 제자들에게도 진지한 학술논문을 쓸 것을 강조하곤 하였다.

교수님은 언행이 일치하는 강직한 삶을 살았다. 가식적인 말과 행동을 싫어하여 어떻게 보면 대화 중에도 너무 직설적이어서 당황스럽기도 하고, 본인이 어떤 일이나 어떤 사람의 말이나 행동이 싫으면 그 표정에 즉각 나타나곤 하여 곤란을 겪기도 하였다. 또한 약속 시간을 지키지 않는 것을 싫어했고 당신이 그것을 몸소 실천하였는데 약속 시간을 지키는 것을 넘어 적어도 10분 전에 약속 장소에 도착하는 것이 몸에 배어 있었다.

제사를 사랑하지 않는 스승은 없겠지만 교수님의 제자 사랑은 특히 각별한 것이어서 모든 제자들과 다른 교수님들 심지어는 국제법을 전공하지 않은 제자들까지도 인정하는 것이다. 박관숙 교수님과 함께 한국 국제법 학계 태두의 한 분인 이한기 교수님도 교수님의 회갑기념논문집 하사에서 "김 박사의 제자 사랑은 자식 사랑을 능가하는 것처럼 느껴지기도 한다."고 적었다.[4] 교수님의 사랑과 관심은 제자들의 학문적 성장과 성취에만 머물지 않았다. 흐트러진 몸가짐을 보인다든지 게으른 모습을 보이거나, 정해진 시간에 과제를 해내지 못하면 불호령이 떨어져 무섭기까지 했다. 하지만 제자들의 취업을 위해 발 벗고 나서 뛰었고, 제자들이 일상의 삶 속에서 '밥은 먹고 공부하고 있는지', '춥게 지내지는 않는지' 늘 염려하는 깊은 속사랑을 알았기에 아버지처럼 느껴지기도 하였다.

3 학술 활동

1. 연구 방향과 주요 업적

김정건 교수의 연구 방향은 1963년부터 16년간의 미국 메릴랜드대학교와 이스트캐롤라이나대학교에서의 교수로 활동하던 시절과 1979년부터의 연세대학교 법과대학 교수로서의 활동기간으로 나누어 볼 수 있다. 미국에서의 연구 결과는 영어로 작성되어 미국, 프랑스, 인도 등 외국 학술지에 발표되거나 외국 출판사를 통하여 출판되었다. 또한 연구 주제와 내용이 국제법 문제를 다루지만 정치적이고 실용적인 주제에 집중되었다. 이는 국제법 주제로 박사학위를 받았지만 로스쿨이 아닌 정치외교학과에서 국제법 학위를 취득하였고 재직한 학교에서도 정치외교학과 교수로 연구와 교육 활동을 계속하였기 때문인 것으로 추정된다. 반면에 한국에서의 연구 활동에서는 거의 대부분의 연구논문과 저서들이 국제법 주제에 초점이 맞추어져 있다. 다만 국제법 기초 이론에 천착하기보다는 현실적으로 제기되는 국제법 쟁점을 담고 있는 사안들을 다루면서 해당 국제법 쟁점에 대한 국제법 해석과 문제 해결방안 모색에 집중되어 있음을 볼 수 있다. 이한기 교수는 김정건 교수의 학문적 자세에 대하여 "결코 논리적 모순을 범하지 아니하려는 수미일관성, 가장 진실에 부합되는 문장을 만들기 위한 섬세한 표현, 그러면서도 늘 자신을 낮추어 표현하는 겸양지 미덕이 있다"고 평가하였다.[5]

국제법 학술활동에서의 중요한 기여는 어린 시절부터 연마하고 미국에서 학부부터 시작하여 모든 학위과정을 마치고 교수활동을 수행하면서 가질 수 있었던 세련되고 논리적인 영어 구사능력으로 이룰 수 있었던 것들이 많았다. 우선, 많은 영문 저서와 영문 논문들을 여러 국제적인 출판사와 학술지에 출간하거나 발표하였다. 활동하던 시대에는 사실 한국인으로서 국제적 학술지 게재와 국제적 출판사에서의 출판이 가능했던 학자가 극소수였다는 점에서 의미가 크다. 이스트캐롤라이나대학교의 동료교수였고 나중에 이 대학 총장을 역임한 John M. Howell 교수와 공저하여 세계적인 국제법 전문출판사인 Martinus Nijhoff사에서

낸 저서 「국제의무와 국가이익의 충돌」(Conflict of International Obligations and State Interests),[6] 프랑스의 저명한 국제법학술지 Revue General de Droit International Public에 발표한 논문,[7] 인도의 국제법학술지인 Indian Journal of International Law에 발표한 논문[8] 등이 대표적인 것들이다. 둘째로 국제적 학술회의의 발표와 토론 및 사회자로서 활동하며 유창하고 논리적인 영어 소통능력으로 학술회의의 품격을 높이고 성공적인 학술회의로 마칠 수 있게 해주었고 이는 한국 국제법학계가 모두 인정하는 것이다. 셋째로 외교부를 중심으로 공문이나 대외적 외교적 입장표명을 위한 영어 문서를 작성할 때 많은 자문의견을 요청받았고 기꺼이 이에 응하여 도움을 줄 수 있었다. 넷째로 말년에 영자신문인 'Korea Herald'에 영문 고정칼럼을 기고하여 외국인들이 한국과 한국인을 이해하는데 많은 도움을 주었고 이들 칼럼은 정년퇴직 후에 한 권의 책으로 출판되었다.[9]

미국에서의 연구 활동 주제는 국제연합(UN)과 미주기구(OAS)를 비롯한 국제기구와 관련된 국제법 쟁점, 특별히 국제연합에 집중되어 있다. 제2차대전 후 국제평화와 안전을 유지하기 위하여 승전국을 중심으로 하여 국제연합이 활동을 시작하면서 국제기구로서의 체제 안정이 제대로 이루어지지 않은 채로 이집트의 일방적인 수에즈운하 국유화로 인한 국제분쟁 해결 문제, 팔레스타인 지역에서의 이스라엘 국가수립으로 인한 중동 분쟁해결 문제, 콩고내전 등 많은 국제적 분쟁을 해결해야 하는 상황이 연구 주제 선정에 영향을 미쳤을 것이다. 또한 국제연합 활동 초기에 신생독립국의 가입 자격 문제와 절차상 총회와 안보리의 가입 결정의 권한 분배 문제, 비회원국의 헌장 준수의무의 성격 문제 등 여러 가지 국제연합과 관련된 국제법 쟁점들이 돌출하고 있었던 시대

상황도 영향을 주었을 것이다. 더구나 조국 대한민국이 1945년 식민지에서 탈출하여 1948년 남한 만의 단독정부로 수립되는 과정에서 한반도 문제가 총회를 비롯한 국제연합 기관의 토의 또는 결의의 주요 주제의 하나였을 뿐만 아니라 1950년 한국전쟁 발발로 안전보상이사회에서도 한반도 문제의 논의가 계속되고 있었던 것도 영향을 주었을 것이다. 북한과 당시에는 '중공'(中共)으로 불렸던 '중국'(PRC)에 대한 연구 논문이나 학술 발표도 한국 문제와 연결되어 이루어진 연구 성과로 볼 수 있겠다.

미국 연구 활동 후반부와 한국에서의 연구 활동 초반부에는 1973년부터 협상이 시작되어 1982년에 협상이 마무리되어 체결되었던 '제3차 해양법협약'의 영향과 북한의 동해상에서의 미국 해군 정찰 선박 푸에블로호 납치 사건과 북한의 서해5도에 대한 관할권 주장으로 한반도에 긴장이 고조되었던 상황에서 해양법 관련 주제를 다룬 논문이 다수 발표되었다.

국제연합과 관련된 논문으로는 1) 남측, '월남'(South Vietnam)과 북측, '월맹'(North Vietnam)으로 나뉘어 내전이 발생하고 동서냉전 상황에서 미국 등의 개입으로 국제적 전쟁으로 확전되어 있던 상황에서 국제연합에서의 월맹의 대표권 문제를 다루었던 논문,[10] 2) 베트남전쟁의 국제정치적 영향과 국제연합에서의 논의와 쟁점을 다루었던 논문,[11] 3) 수에즈운하 분쟁과 콩고내전 등의 해결을 위해 파견하였던 국제연합 군대의 비용 문제에 대한 구(舊)소련을 비롯한 공산국가들의 분담금 납부 거부와 아직 회원국이 아니었던 국가들이 국제연합헌장의 조약성을 근거로 국제평화와 안전을 위한 국제연합의 논의와 결정에 대하여 반대하거나 협조하지 않아 어려움을 겪으며 제기되었던 국제연합에서의 가맹국의 의무이행 거부와 비가맹국의 국제평화와 안전에 대한 헌장의무 이행의 확보 문제를 다룬 논문,[12] 비가맹국의 지위와 의무 확보 문제는 남태평양위원회와 미주기구에서 발생하였고 이들 국제기구와 관련된 쟁점을 다룬 논문[13]도 발표하였다. 4) 국제연합 출범 후 심화되어 갔던 미·소(美·蘇) 간의 동서냉전으로 인하여 국제연합의 평화적 개입이나 비무력적 또는 무력적 강제조치가 필요한 국제분쟁이 발생하여도 국제평화와 안전에 대한 일차적 책임을 가졌고 이에 상응하는 권한을 가진 안전보장이사회가 강대국의 거부권 행사로 그 역할을 감당하지 못하는 경우가 많았다. 이 문제를 타개하기 위하여 '평화를 위한 단합결의'와 같이 총회가 일정 부분 그 책임을 감당하기 위한 시도가 이루어졌고 원칙적으로 권고적 성격을 가진 총회의 결의가 구속력을 가질 수 있는가 하는 문제가 제기되었다. 여전히 중요한 국제법 쟁점으로 남아있는 이 문제를 다룬 선구적 논문도 있다.[14]

무엇보다도 국제연합에 대한 가장 중요한 연구 성과는 위에 언급한 연구 성과를 집대성하여 단행본으로 출간한 *Conflict of International Obligations and State Interests*(국제의무의 충돌과 국가이익)이라는 제목의 책이다.[15] 이 책에서 논의된 주제와 쟁점들은 아직도 현실문제로 꾸준히 제기되고 있는 것들로, 책에서 제시된 국제법 근거와 해석론 및 해결방안들은 여전히 생명력을 가지고 있다. 이러한 사실을 반영하듯 출간한 지 50년이 지난 이 책이 아직도 인쇄되고 아마존(Amazon)의 판매서적 목록에 열거되어 있으니 놀라운 일이다. 또한 이 책은 한국에서도 우리말로 번역되어 「국제기구론」[16]이라는 제목으로 출판되었다.

이 책은 국제관계에 있어서 작은 문제들이 결국에는 국제적 의무와 각 개별국가의 국익 사이에 충돌을 야기시키게 되는 현실들을 지적하면서 이 충돌 상황에서 국제기구의 가맹국과 비가맹국들이 국제기구(주로 국제연합)와 관련된 의무를 이행하지 않으려는 문제를 다루고 있다. 즉, 국제기구의 일반적 규범에 반하는 비협조적인 가맹국과 비가맹국의 행동을 분석한 것이다. 국제연합이 1945년 창설되고 그 산하 국제통화기금(IMF), 국제부흥개발은행(IBRD), 국제민간항공기구(ICAO) 등 전문기구를 포함하여 보편적 국제기구 및 미주기구 등과 같은 지역적 국제기구들이 우후죽순으로 등장하면서 이들 국제기구가 가맹국에게 부과하는 의무도 증가하게 되었다. 더구나 국제연합이 부과하는 의무는 강제력을 가진 것을 포함하고 있고 무력행사도 포함될 수 있는 강력한 것이었기에 의무가 가해진 가맹국이 부담을 느끼게 되고 이들 의무가 자국의 국가이익을 침해하는 것으로 보는 가맹국들은 이를 어떻게 회피하거나 제거할 것인가를 강구하게 되는 상황을 인식하였던 것이다. 국제연합의 주요 목적은 국제평화와 안전의 유지인데[17] 저자들은 이러한 국제연합의 목적을 달성하여 통합된 하나의 세계를 이루기 위해서는 국가와 국제연합 간의 이해관계에 합리적인 균형이 있어야 한다고 보고 있다, 또한 국가들이 강구한 행동 유형을 1) 회피(avoidance), 2) 도전(noncompliance), 3) 불복종(defiance)으로 분류하여 각 유형에 해당하는 사례를 분석하고 국제법적 쟁점과 정치적인 것을 포함하는 해결방안을 모색하였다.[18] 사실 이 저서의 저술 시점이 1960년대 말 1970년대 초인 것을 고려할 때 오늘날에는 훨씬 많은 국제기구들이 활동하고 있다는 점에서도 이 책의 유의미성을 단언케 해 준다.

공저자인 호웰 교수와의 역할 분담은 서론인 제1장과 결론인 제11장 및 중동 분쟁 사례를 분석한 제8장은 공동 집필하였고 김정건 교수는 제2장과 제3장 및 제9장, 제10장을 주로 담당하였다고 서문에서 밝히고 있다. 제2장에서는 국제연합 헌장하에서 가맹국과 비가맹국의 헌장 준수의무를 다루고 있는데 가맹국에 대하여는 제2조 제4항의 무력사용 또는 위협을 금지하고 있는 것을 포함하여 14개 헌장 조항상의 의무를 열거하고 있다. 문제는 무력사용 또는 위협을 금지하는 조항의 예외로 인정되고 있는 제51조의 자위권 행사의 예외와 헌장 제7장 상의 강제조치 시의 예외 등이 용어의 명확한 의미와 적용기준이 제시되지 못하여 일정한 의무를 부담하게 된 국가의 의무 회피의 근거가 되고 있음을 지적하고 있다. 이는 북한의 핵무기 및 미사일 개발 시도, 미국의 이라크 침공, 최근의 러시아의 우크라이나 침공과 같은 헌장 의무의 불복종의 예에서도 드러나고 있다. 또한 헌장 상의 개념이 정치 상황과 시대 상황에 따라 변화하였고 불변하는 헌장 조항의 의미를 생각하기 힘들게 되었다고 피력하고 있다.[19] 저자는 또한 국제연합의 조치들이 법률적 해결보다는 정치적 해결에 중점을 두어 온 것을 지적하면서 국제연합의 조치들이 정치적 고려에 좌우되는 한 각 국가들은 가맹국으로서 갖게 되는 의무에도 불구하고 국제기구의 결정 사항에 대하여 거부 또는 무시할 것인가를 역시 그들의 정치적 편의에 따라 결정하게 된다는 것을 우려하였다.[20] 한편 국제평화와 안전에 필요한 경우 비가맹국도 헌장의 원칙에 따라 행동할 것을 확보하어야 한다는 논란이 많았던 조항인 헌장 제2조 제6항에 대하여 분석하고 있다. 국제연합이 비가맹국에 대하여 일정한 조치를 취하였던 한국전쟁과 코르푸해협사건의 사례를 들면서 적어도 국제평화와 안전의 문제에 있어서만은 비가맹국에 강제할 수 있어야 한다는 기능적 필요에 근거한 인정론과 조약법의 엄격한 해석에 근거한 합법성 부인론 등을 분석하고 순수한 법률적 접근에 한정하지 않고 국제평화와 안전의 유지라는 대의에 근거하여 비가맹국에 대해서

도 국제연합이 일정한 권한을 갖는다는 것을 국제사회가 받아들이고 있다는 현실론을 제시하고 있다.[21)]

제3장에서는 국제연합 총회 '결의'(resolution)의 효력 문제를 다루고 있다. 우선 저자는 국제연합헌장이 다변조약의 하나로서 가맹국에 대하여 권리와 의무를 창출하는 구속력 있는 문서라는 것은 대체로 동의하고 있음을 지적하였다. 이어서 헌장 해석에 어려움을 주고 있는 요인으로 헌장 내에 시원적이고 외관상 모순되는 원칙들이 산재하고 있다는 점, 국제관습법상 받아들이기 어려운 조항을 담고 있다는 점, 헌장 상 일부 조항은 정치적 결정에 우월성을 인정하고 있는 점, 궁극적 유권해석 기능을 감당하지 못하는 국제사법재판소의 무력성을 열거하고 있다.[22)] 명백히 구속력을 인정하고 있는 안전보장이사회의 일정한 결의와는 달리 총회의 결의는 조직 구성 또는 예산 등의 내부적 결정을 제외하고 명시적으로 구속력을 부여하고 있지 않다. 하지만 안전보장이사회의 기능이 이념대립 속의 상임이사국의 거부권 행사 등으로 가맹국 또는 비가맹국이 헌장을 회피, 거부 또는 불복종하는 행동들을 하여 국제평화와 안전의 유지가 위협받는 상황에서도 제 기능을 수행하지 못하게 되면서 '총회 결의가 구속력을 가질 수 있는가'라는 현실적인 국제법 문제가 발생한 것이다. 저자는 총회 결의가 동시대의 보편적인 기준을 제시한다는 점, 일부 국제재판소가 총회 결의를 판결의 근거로 제시하고 있는 점 등을 총회 결의의 구속력을 인정하는 논거로 제시되고 있는 상황을 설명하고 있다. 반면에 국제법은 조약 등의 국제법 연원에 의하여 나타나는 것인데 총회 결의는 그 범주에 들어갈 수 없다는 점, 총회의 기능과 권한을 규정한 헌장 조항들이 총회에게 토의하고 '권고'하는 권한만을 부여하고 있다는 점, 국제사법재판소가 '국제연합가입조건에 대

한 권고적 의견'(Conditions of Admission of a State to Membership in the United Nations case)에서 총회 결의가 그것을 선의의 적절한 고려를 할 '도덕적 의무'가 있기는 하지만 구속력 있는 '법적 의무'를 창출하는 것은 아니라고 지적한 점 등을 근거로 제시하는 반대의견을 분석하였다. 나아가 이러한 분석을 토대로 '평화를 위한 단합결의'의 경우를 제외하고 가맹국들이 법적 의무를 창출하는 것으로 동의하지 않는 한 해석이 어떻게 되든 국제연합이 그 결정사항을 직접 이행할 권한이 없기 때문에 총회의 결정이 곧 법적 구속력을 갖는다고 말할 수 없다고 결론짓고 있다.23) 한편 제9장에서는 인도네시아의 탈퇴 선언으로 국제연합헌장 체제를 회피하려 시도한 사례, 프랑스가 나토로부터 벗어나려 한 시도 및 쿠바가 미주기구에서 제명된 사례 등을 분석하고 있다. 또한 제10장에서는 한국전쟁에서 국제연합에 맞섰던 '중공'(PRC)의 사례를 분석하였다. 이러한 사례 분석은 오늘날 국제연합헌장 상의 의무를 회피하려는 국가들의 결정 배경과 국제연합의 대응방안에 여전히 큰 시사점을 준다.

해양법과 관련된 연구 성과도 실제적인 문제들을 다루고 있다. 우선 '트루만선언'(1945)과 제1차 해양법협약의 하나로 채택된 '대륙붕협약'(1958)의 영향으로 대륙붕에 대한 국제적 관심이 높아지고 있었다. 또한 1969년에는 독일과 네덜란드 및 덴마크 간에 북해대륙붕사건(North Sea Continental Shelf case)이 국제사법재판소에 제소되어 판결이 이루어졌다. 이런 상황에서 한국의 대륙붕 광구설정과 관련하여 중국과 일본이 이의를 제기하고 있어 이에 대한 대응 방안을 모색한 논문을 학술대회를 통하여 발표하였다.24) 한편 북한이 1953년 한국전쟁 정전 후 관행상 인정되어 오던 정전협정 상의 해양경계를 부인하며 서해5도 주변수역에 대한 관할권을 주장하여 긴장이 고조되던 상황에서 이에 대응하는 차원에서 발표한 논문도 있다.[25] 한편 200해리 배타적경제수역 선포 시 발생할 수 있는 국제법 문제와 실익 등을 분석한 정책보고서(Inquiry into the Advisability of ROK Proclaiming 200-Mile Exclusive Economic Zone) 등을 작성하여 외교부 정책 대응에 자문하기도 하였다.

이후 연구 주제는 국제사법재판소의 역할 제고, 기업에 대한 외교적 보호권, 국제상사중재, 국제투자분쟁해결, 통신위성발사와 관련된 국제법 문제, 입법부 행위에 대한 국가책임 제기 가능성, 난민 문제, 남북한 교류에서 발생할 수 있는 국제법 문제 등 현실적으로 제기되었던 국제법관련 문제로 확대되었다. 이러한 연구 주제의 확대에도 불구하고 나타나는 연구 내용과 결과의 일관성은 실용적이고 실제적인 해결방안을 모색하는 방향으로 연구가 이루어졌다는 것이다.

2. 국제법 교육에서의 기여

김정건 교수는 우리나라 국제법 교육의 내용과 방법에서 새로운 방향을 제시하였다고 평가된다. 우선 연세대학교 부임 후 얼마 되지 않은 시점인 1981년에 국제법교과서로 「현대국제법」[26]을 집필하였고, 1986년에 이것을 전면 개정하여 「국제법」[27]을 집필하여 출판하였다. 당시에는 우리나라 1세대 국제법학자라고 할 수 있는 박관숙 교수와 이한기 교수의 작고와 은퇴로 그분들이 저술한 국제법 교과서가 개정되지 못하고 있어 법과대학에서의 국제법 교육과 사법시험과 외무고등고시 등 국가시험을 준비하는 학생들에게 어려움을 주고 있는 상황이었다. 김정건 교수의 국제법 교과서 출판은 이러한 목마름을 채워주는 것이었고 한동안 대표적인 국제법 교과서로 통용되었다. 오래 교우하였던 노명준 교수도 교수님의 정년기념논문집 하사에서 “교수님의 교과서가 국제법 교

재와 국가고시 수험서로 널리 애용되고 있다"고 그 공헌을 인정하고 치하하였다.[28]

다른 한편 김정건 교수는 국제법 교육에서 '판례'의 중요성을 강조하였다. 강의 중에 국제법 쟁점을 담고 있는 판례 내용을 상세하게 설명하고 국제법규가 어떻게 해석되고 적용되며 국제법 쟁점을 가지고 있는 국제적 분쟁해결에 어떤 역할을 하는지를 이해시키려 노력하였다. 이를 위해 국제 판결의 핵심 부분을 그대로 인용한 「판례중심 국제법」[29]이라는 제목으로 출판하였고, 이후 중요 국제 판례를 요약하여 학생들이 쉽게 판례에 접근할 수 있게 하기 위하여 제자들과 함께 「국제법 주요판례」[30]라는 제목으로도 출판하였다.

4 맺는 말

국제법이라는 학문분야를 연구하고 교육하는 바른 태도와 방향을 가르쳐 주고 이끌어 준 은혜를 입은 교수님의 여러 제자들이 국내·외의 여러 대학교와 연구기관, 법조계 등에서 국제법 발전과 교육 및 연구에 참여하고 헌신할 수 있었다. 교수님의 수제자로 1994년 연세대학교에 부임하여 연세 국제법학의 전통을 이어갔던 김대순 선배도 이제 은퇴하여 명예교수가 되었고, 2007년에 연세대학교에 부임하여 재임 중에 있는 제자 박덕영 교수도 이제 정년을 앞두고 있으니 세월이 무상하다. 교수님 소천하신 지도 내년이면 벌써 10년이 되니 더욱 그러하다. 제자들은 존경과 그리운 마음을 담아 10주년 추모식과 세미나를 준비하고 있다. 부족한 필자가 교수님의 삶과 가르침 및 연구 업적을 돌아볼 수 있는 기회를 가질 수 있어서 큰 영광이었지만 누가 되는 오류나 실수는 없었는지 걱정이 되기도 한다. 부디 평생 그리워하며 불효자라고 자탄하던 부모님과 지극히 사랑하던 사모님, 누님과 함께 천국에서 안식하시기를 간절히 기원하며 글을 맺는다.

김정건(金楨鍵) 교수 연보(年譜)

연 도	내 용
1933년	평안남도 개천군 중남면에서 출생
1958년	미주리대학교(University of Missouri) 졸업(B.A.)
1958년~1959년	National Academy of Science-National Research Council 연구
1961년	조지워싱턴 대학교(George Washington University) 석사(M.A.)
1963년~1965년	메릴랜드대학교(University of Maryland) 전임강사
1965년	메릴랜드대학교(University of Maryland) 박사(Ph,D.)
1965년~1979년	이스트캐롤라이나대학교(East Carolina University) 조교수, 부교수, 교수
1972년~1973년	연세대학교 정법대학 초빙교수
1979년	연세대학교 법과대학 교수 부임
1986년	연세대학교 학술상 수상
1993년~1997년	연세대학교 법과대학 학장
1998년	연세대학교 법과대학 교수 정년퇴임
2016년	작고

미주

1) 연세법학 90년사 편찬위원회, 「연세법학 90년사」, 서울:연세대학교 출판부, 2011, 110－111쪽. 이종수, "유억겸교수(1895－1947), 이종수외, 「연세의 법학자들 I」, 서울:연세대학교 출판문화원, 2020, 12쪽에는 정태섭교수가 국제법을 담당했던 것으로 나와 있지만 정태섭교수는 국제사법 담당이었던 것으로 보인다, 앞의 책, 110쪽.

2) 벽파 김정건 교수 정년기념논문집 간행위원회, 「국제경제법의 현실문제」, 서울: 삼영사, 1998, iii쪽.

3) 위의 글.

4) 벽파 김정건 박사 화갑기념논문집 간행위원회, 「변화하는 세계와 국제법」, 서울: 박영사, 1993, vi쪽.

5) 위의 책, v쪽.

6) Jung－Gun Kim and John M. Howell, Conflict of Intranational Obligations and State Interests, Hague:Maritinus Nijhoff, 1972.

7) Jung－Gun Kim, "Inquiry into the Validity of U.N. General Assembly Resolution", Revue General de Droit International Public, Jan.－ March 1971, pp.92－104.

8) Jung－Gun Kim, "The Communist China and the United Nations: A Further Reflection", Indian Journal of International Law, vol.10,no.2(April, 1970), pp.184－195.

9) Jung－Gun Kim, Korea in the Decade of 1990's: A Perspective, Yonsei University Press, 2005.

10) Jung－Gun Kim, "North Vietnam Representation in the United Nations: Some Legal and Political Considerations", Korean Journal of International Law, vol.12, no.2(Sep,1967), pp.241－256,

11) Jung－Gun Kim, "Reflections on International Politics, the United Nations and the Vietnam War", in Essays on the Vietnam War(East Carolina University Publications, 1970), pp.80－96.

12) Jung－Gun Kim, "Defiance of Membership Obligations and Question of Non－Membership in the United Nations", India Quarterly, vol.26, no.2

(April－June 1971), pp.143－152.

13) Jung－Gun Kim, "Non－Member Participation in the South Pacific Commission", Caribbean Quaterly, vol.13.no.4(Dec.1967); Non－Member Participation in the Organization of American States, Journal of Inter－American States, vol.10,no.2 (April 1968), pp.194－212.

14) Jung－Gun Kim, "Inquiry into the Validity of U.N. General Assembly Resolution", Revue General de Droit International (Jan－March 1971), pp.92－104.

15) Jung－Gun Kim and John M. Howell, Conflict of International Obligations and State Interests, Hague:Martinus Nijhoff, 1972.

16) 김정건역, 「국제기구론」, 서울: 박영사, 1982.

17) 국제연합 헌장, 제1조.

18) 김정건역, 앞의 책, 2쪽.

19) 위의 책, 17쪽.

20) 위의 책, 18쪽.

21) 위의 책, 22쪽.

22) 위의 책, 24－25쪽.

23) 위의 책, 34－36쪽.

24) Jung－Gun Kim, "An Inquiry into the Legal Status of the Continental Shelf in the East China and Yellow Seas, with Special Emphasis on Korea", Report－the First Joint Conference of the Korean Political Science Association and the Association of Korean Political Scientists in North Korea (Seoul: the Korean Political Science Association, 1975, pp.189－217.

25) 김정건, "서해5도 주변수역의 법적 지위", 「국제법학회논총」, 제33권, 제2호 (1988.12.), 135－154쪽.

26) 김정건, 「현대국제법」, 서울: 박영사, 1981.

27) 김정건, 「국제법」, 서울: 박영사, 1987. 이후 1993년 전정판(全整版) 발행.

28) 벽파 김정건 교수 정년기념논문집 간행위원회, 앞의 책, v쪽.

29) 김정건, 「판례중심 국제법」, 서울: 경남대학교 극동문제연구소, 1982.

30) 김정건, 박덕영, 조소영, 이주윤, 「국제법 주요 판례집」, 서울: 연세대학교 출판부, 2004.

Ⅵ

김홍규(金洪奎) 교수

(1931~2005)

민사소송과 중재제도 연구의 선구자로 헌신(獻身)한 법학자

집필자 손한기(연세대학교 명예교수)

Ⅵ

김홍규(金洪奎) 교수
(1931~2005)

민사소송과 중재제도 연구의 선구자로 헌신(獻身)한 법학자

집필자 손한기(연세대학교 명예교수)

1 김홍규 교수의 생애(生涯)와 성품

경허(畊虛) 김홍규 교수님은 1931년 12월 18일 경상남도 진양(晉陽)에서 부친 김해김씨(金海金氏) 삼현공파(三賢公派) 김병한(金炳漢)과 모친 장점이(張點伊)의 장남으로 출생하여 2005년 9월 7일 만 75세를 일기로 영면하셨다. 올해가 타계 20주기가 되는 해이다.

교수님께서는 1962년 12월 정기숙(鄭基淑) 여사와 결혼하여 슬하에 장남 종훈(鍾勳) 자부 김진옥(金眞玉), 차남 종우(鍾佑) 자부 고민정(高敏呈), 장녀 수정(秀庭) 사위 황택현(黃澤炫)을 두시었다. 반려(伴侶)가 되신 정기숙 님은 서울대학교 사범대학 영어교육과를 졸업하고 숙명여자대학교에서 가족관계학을 전공한 후 숭의여대 교수로 재직하다 정년퇴임하셨다. 장남 김종훈은 연세대학교 의과대학을 졸업한 후 모교의 교수 겸 세브란스 병원의 의사로 근무하다 현재는 인하대학교 의과대학의 교수로 재직 중이다. 그리고 자부인 김진옥도 연세대학교 의과대학을 졸업했으며 현재도 의사로 활동 중이다. 차남 김종우는 경희대학교 한의과 대학을 졸업하고 같은 대학의 교수로 재직하면서 강동한방병원의 의사로 재직 중이며, 우리 사회의 큰 문제로 떠오른 화병(火病)에 관한 우리나라 최고의 권위자로 널리 알려져 있으며 관련 서적도 출판한 바 있다. 자부 고민정은 경희대 음악대학을 졸업하고 피아니스트로 활동하면서 현재 명지대학교 사회교육원 교수로 재직하고 있다. 장녀 김수정은 독일 뒤셀도르프대학에서 교육학으로 박사학위를, 사위 황택현은 독일 보큼대학에서 영화학으로 석사학위를 각각 취득하고 귀국하여 현재 함께 심리상담 사업에 종사하고 있다.

김홍규 교수님은 사람을 대함에 있어서 지극히 겸손하고 온유(溫柔)하셨다. 당신의 윗사람을 대함에 언제나 각별한 경의를 표하셨고, 아랫사람에게조차 늘 경어를 사용하여 인격을 존중해 주셨다. 언젠가 필자가 세배차 연초에 찾아뵈었더니 "지금 막 방순원(方順元) 선생님 댁에 세배를 다녀오셨다"고 말씀하셨다. 서울대학교에서 교수님을 민사소송법의 세계로 이끌어주신 은덕을 그렇게 소중히 여기어 만년(晩年)까지 한 해도 세배를 거르지 않으셨다.

교수님의 은사를 존숭(尊崇)하는 성정은 사제 간에 돈독한 유대관계를 형성하게 되었으며 다음과 같은 사례에서도 이를 확인할 수 있다. 먼저 작고하신 방순원(方順元) 전 대법관은 1992년 발간된 김홍규 교수님 화갑기념 논문집에 80세의 노령(老齡)임에도 흔쾌히 하사(賀詞)를 써주셨다. 하사에서 말씀하시길 "선생은 원래 성품이 온량공검(溫良恭儉)

하시고 대인관계에 지극히 겸손하셔서 교우관계에 있어서 선생을 존경하지 아니하는 이가 없으며, 대학에서 학생을 지도하시되 자부(慈父)와 같이 온정과 덕으로 지도하셨으니 훈육을 받은 학생으로 선생을 따르고 우러러보지 않는 사람이 있으랴!"라고 하여 교수님의 인품을 찬미해 주셨다.

또 한 가지 빠뜨릴 수 없는 사례가 있다. 교수님의 일본 유학시절의 은사인 오사카시립대학(大阪市立大學)의 고(故) 고무로 나오또(小室直人) 교수는 김홍규 교수님께 돈독(敦篤)한 사제의 정을 보여, 일본의 제자들을 마다하고 유언으로 6,000여 권에 달하는 한우충동 (汗牛充棟)의 귀중한 장서를 선생님께 물려주셨다. 교수님께서 이를 다시 우리 대학교에 기증하심에 따라 중앙도서관에서 색인(索引) 작업을 하는 도중 돌아가시어 그 완성을 보지 못하게 되어 안타깝기 그지없었다. 그 도서들은 현재도 중앙도서관에 고무로문고(小室文庫)로 정리되어 민사소송법 전공자들의 열람과 연구에 큰 도움을 주고 있다.

김홍규 교수님은 지극히 겸손하여 자기의 업적을 드러내는 법이 없으셨다. 뒤의 연구 업적에서 보는 바와 같이 김홍규 교수님은 우리나라의 중재법 분야 발전에 실로 독보적인 공헌을 하였고. 한국의 중재법(仲裁法)을 손수 기초(起草)하였으나, 필자는 교수님으로부터 이런 사실을 직접 들은 적이 없다. 필자가 교수님의 학술원(學術院) 회원 추천사를 받으러 다니는 과정에서 고(故) 서돈각(徐燉珏) 박사가 친필로 "이 사람과 더불어 중재법을 만들었고,"라는 문구를 써주고 이를 첨가하도록 지시함으로써 비로소 알게 되었다.

그러나 자신에 대해서는 송죽(松竹) 같은 올곧음과 추상과 같은 엄정함을 스스로에게 끊임없이 요구하는 남다른 내면의 세계를 가지고 계셨으며, 좌고우면(左顧右眄)함을 극도로 싫어하셨다. 사리에 맞지 않는다고 판단하면 절대로 중도타협을 하지 않으셨다. “사람은 팔방미인(八方美人)이 되려고 해서는 안 된다”는 말씀을 여러 번 들은 적이 있다. 이렇게 엄정한 내면을 가지신 것과 달리 뒤에 보는 바와 같이 제자들에게는 이버이 이상의 자애로운 태도를 늘 보이셨다.

또 교수님은 한번 결정하신 일은 반드시 이루어내려는 강철 같은 의지와 불같은 정열을 아울러 가지고 계셨다. 1년여의 병환 중에도 병마(病魔)에 꿋꿋이 맞서며 타계하기 불과 2개월여 전에 민사소송법 개정 제8판을 내셨고, 환후(患候)가 위중하여 재입원하기 불과 몇 주 전까지도 더디신 손으로 컴퓨터 자판을 한자씩 두드리며 중재법 교과서 집필 작업을 하고 계셨다. 그 완성을 보지 못한 것은 학계의 큰 손실이 아닐 수 없다.

2 김홍규 교수의 학문적 역정(歷程)

김홍규 교수님은 1949년 4월 진양군(晉陽郡) 정촌면(井村面)의 정촌국민학교를 졸업하고 1952년 3월에 진주사범학교(晉州師範學校)를 졸업한 후, 6.25 전쟁이 막바지에 이른 1953년 4월에 서울대학교 법과대학에 입학하여 법학과 인연을 맺게 되었다. 그 후 서울대학교 대학원에 진학하여 방순원 전 대법관의 권면(勸勉)으로 민사소송법을 전공하게 되었다. 그 결과 1961년에 3월에는 법학석사 학위를 취득하셨으며, 이는 민사소송법 분야 한국 최초의 석사학위이다.

1967년 4월에 오사카시립대학(大阪市立大學)에 유학하여 일본의 민사

소송법 학계의 거두(巨頭)이며 고매(高邁)한 인격으로 크게 존경을 받던 고무로 나오또(小室直人) 교수의 문하로 3년간 민사소송법과 중재법 연구에 전념하셨다. 그 결과 1980년에는 "外國仲裁判定の承認·執行について(主論文)", "證據契約の硏究(副論文)"라는 논제로 박사학위를 취득하셨다. 주논문인 "外國仲裁判定の承認·執行について"는 중재법 분야 우리나라 최초의 연구논문으로 평가되고 있다.

1978년부터 2년간은 이미 적지 않은 연세임에도 불구하고 독일의 Saaland 대학에 가서 우리나라 법률제도의 원류(原流)라 할 수 있는 독일의 민사소송법과 중재법을 체계적으로 연구하고 돌아오셨다. 이때 연마한 독일어 구사능력이 이후 교수님의 연구와 강의에 결정적인 도구가 되었음은 물론이다.

김홍규 교수님은 진주사범학교를 졸업한 후 잠시 교편을 잡기도 하였으나, 서울대학교 대학원에서 석사학위를 받으신 직후 1961년 3월에 충남대학교 문리과대학 전임강사로 부임하여 대학강단에 첫발을 디디셨다. 이로써 우리나라 첫 민사소송법 전임교수라는 기록도 세우셨다.

교수님은 학자의 길로 들어선 후 단 한 번도 학문 밖의 세상으로 눈을 돌린 적이 없이 상아탑에서 연구와 강의에 전념하셨다. 고려대학교 명예교수 겸 학술원 회원인 정동윤 교수는 "교수님의 성품과 어울리지 않는 학교 행정이나 보직에는 관심이 없었으며, 평생 학문의 연구에만 전념하는 학자의 길을 걸었다"고 회고하였다.

충남대학교에서 조교수와 부교수로 재직한 후 1974년 3월에는 성균관대학교 법정대학의 부교수로 자리를 옮긴 후 6년간 부교수와 교수로 봉직하셨다. 1980년 9월에는 연세대학교 법과대학에 교수로 부임하여 17년간 재직하며 민사소송법과 중재법 강의를 담당하였고, 1997년 2월에 정년퇴임을 한 후에도 경희대학교와 한양대학교에 객원교수로 재직하며 연구와 강의를 이어가셨다.

3 김홍규 교수의 학문적 업적

김홍규 교수님은 일찍부터 국내에서의 연구활동만으로는 세계화, 선진화의 요구에 부응할 수 없다는 점을 인식하여, 일본과 독일로 유학하여 학문의 거시적 안목을 기르는 데 노력을 경주하셨다. 이에 따라 부차적으로 일본어와 독일어에 능통하게 되어, 이후 심도 있는 연구와 학술논문의 집필에 큰 도움이 되었다.

교수님은 우리나라 민사소송법과 중재법 양면에 지대한 업적을 남기셨다.

저서로는 민사소송법, 회사정리법(공저), 證據法の研究(일본 法律文化社), 주석민사소송법(공저), 한국사법제도입문(일본 信山社) 등 7권을 내셨다. 특히 주저서(主著書)인 "민사소송법"은 절차법에 관한 저서임에도 불구하고 절차과정이나 조문 순서에 따라 축조(逐條)해설 해가는 실무서와 같은 성격을 불식(拂拭)하고, 학문적 성격을 확실히 하여, 내용을 소송주체론, 소송객체론, 소송행위론으로 대별하여 서술하여 실체법(민법총칙) 체계와의 조화를 도모했던 것으로, 다른 학자들의 저서와 차별화된다고 정평이 나 있다. 방순원 전 대법관은 이 책에 대하여 "이로정연(理路整然)한 체계서로서의 진면목을 보였으며, 이론의 분석과 종합을 면밀히 함으로써 해설서라기보다는 학문적 체계서로서 면모를 구비한 상아탑(象牙塔)과 같은 귀중한 업적"으로 찬양하지 않을 수 없다고 평가하였다. 이 책은 대구대학교의 강태원 교수와의 공저 형태로 현재까지 속간(續刊)되고 있다.

저서 이외에도 두 권의 귀중한 역서(譯書)를 내셨다. 1971년에는 Arwed Blomeyer의 "독일중재법해설"을 출간하여 초창기 우리나라 중재법연구에 마중물 역할을 크게 하였으며, 1992년에는 Heidelberg 대학의 Othmar Jauernig 교수의 "독일민사소송법(Zivilprozessrecht)"을 번역·출판하시어 우리 민사소송법의 원류(原流)라 할 수 있는 독일의 민사소송법의 전모를 쉽게 접할 수 있도록 하여 후학들이 민사소송법을 연구하는데 큰 도움을 주셨다. 특히 이 책에는 원저자 Jauernig 교수가 한국어판 출판에 대한 서문을 썼다. 이 서문에서 Jauernig 교수는 "김교수의 이 책의 번역은 한국과 독일의 민사소송법 학자 간의 우호관계를 강화하고 심화하는 데 크게 기여할 것으로 확신한다"라고 하며 교수님의 노고에 사의(射意)를 표하였다.

저서의 집필과는 별도로 김홍규 교수님은 민사소송법 분야와 중재법 분야에 걸쳐 실로 140여 편에 달하는 주옥같은 논문을 발표하여, 두 분야의 쟁점마다 선생님의 정연한 이론과 고견(高見)을 피력하여 어려움을 해결해 주고 학문의 발전에 크게 공헌하시었다.

먼저 민사소송법 분야에서는 신소송물이론의 일지설(一肢說)의 입장에 서서 실무를 지배하고 있는 구소송물이론에 대해 비판적 검토를 하여 신소송물 이론을 보완·확장하는 데 주력하셨다. 특기할 만한 것은 남북한의 교류시대에 대비하여 북한 민사소송법에 관한 연구를 깊이 하여, "북한 민사소송에 있어서의 당과 인민의 역할(1992)", "북한 민사소송법의 기본이념과 그 특색(1994)", "북한 민사소송제도(1995)"와 같은 귀중한 글을 남기셨다. 또한 대륙법계 민사소송의 시원(始原)을 탐구하여, "로마의 민사재판의 역사(1989)", "독일민사소송법의 역사", "독일민사소송법의 역사－로마법계의 계수와 독일보통민사소송법(1991)"과 같은 법사학적 가치가 매우 큰 논문을 발표하셨다.

중재법 분야에서 김홍규 교수님의 업적은 가히 독보적이라 할 만하다. 중재법 분야의 오늘은 김홍규 교수님으로부터 비롯된 것이라 단언할 수 있다. 중재법을 기초(起草)하여 우리나라의 독자적인 중재법의 탄생을 주도하고, 일찍이 박사논문으로 "外國仲裁判定の承認·執行について"라는 연구논문을 발표한 후, "중재판정의 취소와 재심 - 중재인역할의 중요성과 관련하여(1983)", "중재법개정안에 대한 검토(1995)", "仲裁裁判所(裁判廷)の自己の管轄權を判斷する權限(2002: 石川明先生古稀記念論文集)" 등 많은 논문을 발표하셨다. 이미 언급하였거니와 병마와 싸우시면서 중재법 교과서를 집필하시던 중 타계하시어 그 완성을 보지 못한 것이 학계의 큰 아쉬움으로 남게 되었다.

4 법률제도와 법률문화 창달(暢達)에의 기여

김홍규 교수님의 학문적 업적은 저서와 논문의 집필에 그치지 않았으며, 우리나라 법률문화 창달을 위하여 실천적인 활동에도 솔선하셨다. 1992년 2월에는 당시 전국에 민사소송법 전임교수를 열 손가락으로 꼽을 정도로 황량하기 그지없었던 민사소송법학계의 고경(苦境)을 타파하기 위하여, 이시윤 전 감사원장, 고려대학교의 정동윤 교수 등과 함께 한국민사소송법학회를 창립하였으며, 창립회의에서 초대 회장으로 추대받아 민사소송법학회의 초석(楚石)을 놓으셨다.

그 후 민사소송법 학회는 발전을 거듭하여 사단법인으로 승격되었으며, 현재는 학계, 실무계의 민사소송법 연구자가 함께 참여하는 회원 수가 근 300명에 달하는 큰 학회로 발전하였다. 또 2014년 10월 1일부터 3일까지는 연세대학교에서 IAPL(International Association of Procedural Law)의 서울대회가 개최되었다. 이 대회는 참가국이 6대주를 망라한 총 31개국에 이르렀고 참가 외국인 학자만도 104명에 달하는 세계적 규모의 학술대회였다. 교수님께서 설립한 민사소송법학회가 이와 같이 확고한 지위를 구축하고 국제적 위상을 갖추게 된 것을 보지 못하고 너무 일찍 돌아가신 것도 못내 아쉽다.

이외에도 김홍규 교수님께서는 한국중재학회의 설립을 주도하셨으며, 1996년에는 한국중재학회의 회장을 역임하는 등 중재법과 중재학회의 발전에 헌신하였으며, 한국재산법학회의 부회장을 역임하시는 등 각종 학회활동을 적극적으로 선도하셨다.

김홍규 교수님은 각종 법률의 제정과 개정작업에 깊이 적극적으로 관여하여 우리나라 법률수준의 향상에 지대한 공을 세우셨다. 이미 언급한 중재법의 제정을 주도한 외에도 특히 1990년부터는 법무부 내에 설치된 민사특별법제정특별분과위원회의 위원장을 역임하여 집단분쟁처리를 위한 법률제정에 힘쓰셨다. 그 결정(結晶)으로 집단분쟁처리법(가칭)을 만들고 그 축조해설집까지 발간하였다. 이 법안(法案)은 독일식의 단체소송(Verbandsklage)과 영미식의 대표당사자 소송(Class Action)을 모두 흡수하되 모방에 그치지 않고 우리 실정에 맞추어 새롭게 만든 유례(類例)를 찾을 수 없는 새로운 입법례로 높이 평가할 만한 것이었다. 특히 이 법안은 특정 분야에 한정되지 않는 집단분쟁 해결을 위한 일반법적 역할을 할 수 있는 것이었다. 그러나 당시 남소(濫訴)를 우려한 재계

등의 반발로 빛을 보지 못한 채 법무부 캐비닛 속에 잠자게 되었다.

그 후 이른바 IMF 사태 이후에 제정된 “증권관련 집단소송법”은 모두(冒頭)에 “증권관련”이라는 한정어를 붙여 그 적용을 증권관련 사건으로 제한한 것 이외에는 교수님이 주도해 성안한 “집단분쟁처리법(가칭)의 내용을 그대로 옮긴 것이니, 교수님이 기여하신 공이 실로 크다 하겠다.

그 후 소비자기본법에 소비자단체소송제도(소비자기본법 제70조)가 도입되고, 개인정보보호법에 개인정보보호 단체소송제도(개인정보보호법 제51조 이하) 등의 특정 분야의 집단적 분쟁을 처리하기 위한 제도가 속속 도입되기에 이르렀다. 일반법적인 성격의 위 집단분쟁처리법(가칭)이 입법화되었더라면 이와 같은 개별적 제도를 만드는 수고를 덜 수 있을 것인데 무척 아쉽다.

이와 같은 법률제정 작업에 관여한 이외에도 많은 법률의 개정작업에 참여하셨다. 특히 민사소송법은 1990년과 2002년에 대개정이 있었으며, 특히 두 번째 개정인 2002년 개정 시에는 개정위원으로 활발하게 참여하여 민사소송법의 현대화·선진화에 크게 기여하셨다. 당시는 필자도 교수님과 함께 개정위원으로 참여하였다.

김홍규 교수님의 학문적 업적과 법률문화 창달에 기여한 공로는 대한민국학술원의 회원으로 현창(顯彰)되게 되었다. 연세대학교 법과대학을 퇴임하시던 해인 1997년 7월에 김홍규 교수님은 학술원의 인문사회 제4분과 위원회의 회원으로 선임되어 본인의 영광은 물론 연세대학교의 명예를 드높이게 되었다. 주지하다시피 학술원은 각 분야의 최고 권위자만 가입이 허용되는 학술계에 있어서의 “명예의 전당”이다. 여기에 교수님의 가입이 허용된 것은 크나큰 학문적 영예이며, 더구나 학술원 역사상 민사소송법 연구자가 학술원 회원이 된 첫 케이스여서 더욱 의미가 깊다고 할 수 있다.

5 한·일 민사소송법 학술교류의 선도자

현재 한국과 일본 사이에는 민사소송법 학회 간의 교류가 활발하게 이루어지고 있다. 한국과 일본은 모두 독일의 제도를 계수하여 상호 유사한 점이 많다. 그러나 양국 사이의 사회·경제적 차이, 법의식의 차이가 법률제도상의 차이를 가져오기도 한다. 따라서 양국의 민사소송 제도 운용경험의 공유는 서로에게 자신의 제도를 개선함에 귀중한 자산이 된다. 김홍규 교수님은 한국과 일본간의 교류에 있어서 문자 그대로 독보적인 공헌을 하셨다. 교수님은 능통한 일본어 구사능력과 광범위한 인적 네트워크(network)를 토대로 양국 간의 교류를 반석(盤石)에 올려놓으셨으며 이는 자타가 공인하는 바이다.

이전에도 몇몇 학자들이 일본의 학자들과 개인적인 교분을 나눈 경우는 더러 있었으나, 본격적이고 집단적인 교류가 시작된 것은 1990년 일본 측의 초청으로 한국에서 김홍규 교수님을 비롯하여 이시윤, 송상현, 강현중, 호문혁 교수로 구성된 민사소송법 학자단(學者團)이 방일하여 도쿄대학교에서 심포지엄을 개최했던 것이 그 효시(嚆矢)이다.

이어서 1992년 연말께(기록이 없어 일자를 정확히 특정할 수 없어 유감이다)는 당시 민사소송법학회 초대회장인 김홍규 교수님의 주도로. 연세대학교 알렌관에서 한일 양국의 저명한 민사소송법 학자들이 참가하여, 당시 막 성안(成案)된 우리 민사소송법 개정안(改正案)을 주제로 학술회의가 개최되었다. 양국의 학자들이 처음으로 형식과 규모를 갖춘 학술회의를 연세대학교에서 개최한 것도 큰 의의가 있다고 생각한다.

당시 일본에서는 저명한 신도우(新堂幸司) 교수, 아오야마(青山) 교수 등의 원로 학자들, 그리고 당시에는 중진학자이었던 도쿄대학의 다카하시(高橋宏志) 교수와 그 밖의 신진학자들도 참가하였다. 특기할 것은 김홍규 교수님의 은사인 고무로 나오또(小室直人) 교수가 친히 참가했던 일이다. 당시 필자는 박사학위를 취득하고 막 영남대학교에 전임으로 자리 잡고 있었으며 이 학술회의를 보조하는 영광을 누렸다.

이 학술회의를 회고하자니 두 가지 일이 아직도 기억에 생생하다. 첫째는, 학술회의가 끝나자 아마도 한국의 학자 한 분이 회의자료를 그대로 탁자에 버리고 이석(離席)한 것 같았다. 이것을 고무로 교수님이 소중히 거두어 필자에게 건네주던 일이다. 학술자료를 소중히 여기는 교수님의 성정(性情)을 느껴 황송했던 기억이 생생하다.

또 한 가지는 당시 일본의 젊은 여성학자 한 분이 우리 민사소송법 개정안 중 "당사자 변경" 부분에서 추가적 변경(현행조문 제68조)과 교환적 변경(현행조문 제260조)이 같은 당사자변경의 범주에 들어가는 것임에도 조문이 따로 떨어져 있는 이유를 물었고, 이에 대해 김홍규 교수님이 직접 일본어로 설명하여 납득시키시던 일이다. 이를 아직 기억하고 있는 이유는 교수님의 설명을 들으면서 일본어가 지극히 서툴던 필자가 "어떻게 저렇게 일본어를 자유자재로 구사할 수 있을까" 하고 내심 크게 감탄했었기 때문이다.

이후로도 현재까지 한국과 일본은 번갈아 학술회의를 개최하고 있으며 후학들이 이 국제학술회의를 통해 일본의 새로운 연구성과를 접하고 우리의 연구성과를 일본에 소개하는 귀중한 기회로 활용하고 있으니,

이는 전적으로 교수님의 헌신에 힘입은 것이라 아니할 수 없다.

김홍규 교수님의 일본 학계와의 깊은 인연과 한일 간 학술교류에의 헌신은 일본에서도 매우 높은 평가를 받고 있으며, 교수님의 타계 소식이 일본에 전해지자 많은 학자들이 애도의 념(念)을 표하였다고 한다. 특히 여러 번 한국에 왕래하면서 교수님과 교분을 돈독히 해 왔던 게이오대학 명예교수인 이시카와 아키라(石川明) 교수는 김홍규 교수님 타계 1년 후인 2006년 5월 일본민사소송법학회에서 특별히 자리를 마련하여 추도사를 낭독하기도 하였다.

이시카와 교수는 추도사에서 회고하기를 "나는 몇 번인가 김 선생의 댁에 식사초대를 받은 적이 있다. 서재로 안내하여 서가를 보여주었는데, 민사소송에 관한 일본과 독일의 대표적 체계서는 거의 모두 갖추어져 있다는 생각이 들었다. 데스크의 옆에 있는 회전식의 서가에는 벡크사(C.H.Beck)의 독일법 렉시콘(Deuches Rechts Lexikon)이 전권 갖추어져 있었고, 크라이펠트(Creifelds)의 법률용어사전(Rechtswörterbuch)도 있어, 일독(日獨)의 문헌을 자유롭게 읽을 수 있는 연구가라는 것을 한눈에 알아볼 수 있었다"라고 하여 존경을 표시함에 동시에, "일본과 한국이 교대로 개최하는 연구회에서 김홍규 교수가 늘 중심인물로 활약하여 주셨다. 연구회의가 지금까지 계속될 수 있었던 것도 김홍규 선생의 인품, 학식에 더하여 그 절대적인 협력에 힘입은 바가 크다"라고 한일 간 교류에의 헌신을 평가한 후, 마지막으로 "김홍규 선생이 일한 민사소송법학의 교류에 헌신하신 정열을 확실하게 인식하며, 교류를 발전시키는 것이 양국의 현역인 여러 선생들에 과해진 중요한 책임이라고 생각한다"라고 하여 일본의 학자들에게 교류의 지속과 발전을 도모할 것을 당부하였다.

그 밖에도 김홍규 교수님의 1992년 발간된 화갑기념 논문집에는 일본에서 나고야대학(名古屋大學)의 마쓰우라(松浦馨) 교수, 긴키대학(近畿大學)의 와카바야시(若林安雄) 교수, 오사카시립대학(大阪市立大學)의 마스모토(松本博之) 교수가 귀중한 논문을 투고해 축하해 주기도 하였다.

6 후진양성과 제자사랑

김홍규 교수님은 자신의 학문적 세계를 구축함에 그치지 않고 후진양성에도 아주 특별한 노력을 기울여 사계(斯界)의 발전에 또 하나의 기반을 이루고자 하셨다. 그 결과 문하에 열 명이 넘는 민사소송법 전임교수를 배출하였고, 그 밖에도 수많은 판사, 검사, 변호사를 배출하셨다.

대학에서 전임교수로 재직하게 된 제자를 꼽아 보면, 필자 이외에 정규상(鄭圭相) 교수(성균관대학교 전 총장), 피정현(皮貞鉉) 교수(원광대학교 법과대학 전 학장), 강태원(姜泰源) 교수(대구대학교 법과대학 전 학장), 표호건(表昊建) 教授(영산대학교 법학과), 한충수(韓忠洙) 교수(한양대학교 법과대학), 박태신(朴泰信) 교수(홍익대학교 법과대학), 김상훈(金尙勳) 교수(한림대학교 법과대학), 김상균(金相均) 교수(청주대학교 법과대학), 이규호(李圭鎬) 교수(중앙대학교 법과대학), 강수미(姜修美) 교수(연세대학교 법과대학) 등이 있다. 모두 전문가로서 일가(一家)를 이루어 가면서 선생님의 학맥(學脈)을 이어가고 있다.

민사소송법 전공자가 희귀했던 당시 우리나라의 현실을 감안하면 문하에 이같이 많은 전공 교수를 낸 것은 학계의 일대 사건이라 할 수 있으며, 이것만 보더라도 민사소송법 분야에 대한 교수님의 기여가 얼마나 크고 깊은지를 알 수 있다. 이와 같은 전무후무할 사적은 선생님의 자애로운 인품과 학문적 위상에 문하생이 운집한 데서 연유한 것이나, 제자의 일에 한 번도 귀찮은 내색을 하지 않으시고 자신의 건강까지도 돌보지 않고 부모 이상으로 끝까지 챙겨주신 선생님의 하해(河海)와 같은 은택(恩澤)에 전적으로 힘입은 결과라 하겠다.

환후(患候) 중에 찾아뵈었을 때 그 엄중한 상태 중에도 당신이 박사학위를 수여하신 제자 중 아직 전임으로 가지 못했던 김상훈 박사가 전임교수로 확정되었다고 하시면서, 이제야 당신의 소임을 다했노라며 어린애마냥 기뻐하시던 모습이 눈에 선하다.

다시 돌아보건대 교수님과 제자들이 함께했던 즐거웠던 날들이 새삼 떠오른다. 교수님은 대학원 강의로 원서강독(原書講讀)을 중시하셨다. 특히 역서로 출간한 독일 Jauernig 교수의 "Zivilprozessrecht"를 강독하면서, 수강하는 제자들이 오역하는 것을 그때그때 친절히 바로잡아 주어 제자들의 독일문헌 해독력 함양에 큰 도움을 주셨다.

교수님의 가르침은 연구실에서 전공과목을 지도함에 그치지 않으셨다. 매 학기마다 두 번씩 거르지 않고 수강하는 제자들과 함께 산행(山行)을 하는 것을 무척 즐거워하셨다. 산을 오르내리며 인생에 귀감(龜鑑)이 될 말씀으로 제자들을 훈도(薰陶)하시기를 아끼지 않으셨다. 산행은 중간고사 기간에 한 번 기말고사 기간에 한 번씩 했으며, 이를 중간산행(中間山行)과 기말산행(期末山行)이라 명명(命名)하시고, 중간산행은 주로 수유동 자택 인근의 북한산을 오르는 경우가 많았고 기말산행은 지리산, 설악산, 월악산 등 거리가 먼 곳을 택하셨다.

특히 중간산행이 끝나면 자주 교수님 댁에서 뒤풀이가 열렸으며, 이때는 사모님(생존해 계시다)이 풍성한 음식을 마련하고 자리를 함께하셨다. 이 행사를 위하여 사모님은 해마다 명태를 다량 구입하여 순살을 떠서 정갈하게 말려 두었다가 술안주로 함께 내셨다. 또 댁에는 항시 매실주를 비롯하여 각종의 과실주를 마련해 두었다가 뒤풀이가 있는 날이나 제자들이 방문하는 날에 아낌없이 내시고 제자들이 돌아갈 때 한 병씩 꼭 챙겨 주셨다.

교수님은 술을 즐기셨으나 과음하신 모습은 단 한 번도 뵌 적이 없다. 뒤풀이 자리에서 제자들이 술이 올라 큰 소리로 왁자지껄하게 수선을 떨어도 전혀 싫은 내색을 하지 않고 빙그레 웃으시며 끝까지 일일이 응대해주시던 모습이 70이 넘은 필자의 눈에 아직도 선하다.

7 글을 마치며

지난해 작고하신 전 감사원장 겸 민사소송법학회 고문인 이시윤(李時潤) 박사는 김홍규 교수님께 헌정한 추도사에서 한국 민사소송법 학계의 계보와 김홍규 교수님에 대한 평가를 다음과 같이 피력한 바 있다. "우리나라 민사소송법학계의 제1세대를 대표하는 어른이 방순원, 이영섭, 박상일 등의 선생님이라면, 제2세대로 선생님(김홍규 교수님)을 위시한 본인, 정동윤, 강현중, 한종렬, 송상현, 양병회 교수와 그리고 넓게는 호문혁 교수까지 포함될 수 있을 것으로 그 좌장격이 선생님이라 할 수 있었다. 온유하고 품위 있는 인격의 반영인지, 타설에 대한 날이 선 비판을 위한 비판의 자제, 타설의 겸허한 수용, 조심스러운 자설의 전개 등의 수범을 보이면서 학계의 분위기를 유도했기 때문에 다른 학회에서와 같은 학자 간의 이전투구의 난투전이 별로 없었으며, 그리하여 서로 협력하며 안정적인 발전을 거듭할 수 있었다." 교수님의 학계에서의 위상과 인품에 관하여 이시윤 박사의 말에 한마디도 덧붙일 필요가 없으리라 생각된다.

글을 쓰면서 새삼 깨달은 것은 김홍규 교수님은 민사소송법 분야의 척박한 토양 위에서 학문의 발전에 말 그대로 "선구자적 역할"을 해온 자랑스러운 연세의 법학자였다는 점이다. 교수님의 업적 중 "최초"라는 타이틀을 가진 것이 많다. 우선 민사소송법 석사학위를 가진 최초의 학자이었으며, 중재법의 기초자(起草者)이며 중재법에 관한 최초의 연구논문 집필자이었고, 우리나라 최초의 민사소송법 전임교수이었으며, 대한민국학술원의 최초 민사소송법 전공학자이셨다. 한마디로 우리나라 민사소송법과 중재법 분야의 역사 그 자체라 할 수 있겠다.

글을 마무리하자니 필자의 마음속에 논어(論語)의 한 구절이 절로 떠오른다. "우러러볼수록 더욱 높고, 뚫을수록 더욱 견고하며, 바라봄에 앞에 있더니 홀연히 뒤에 계시도다(仰之彌高하며 鑽之彌堅하며 瞻之在前이러니 忽焉在後로다)." 논어 자한편(子罕編)의 安淵의 탄식이다.

김홍규(金洪奎) 교수 연보(年譜)

연 도	내 용
1931년	경상남도 진양군에서 출생
1952년	진주사범학교 본과 졸업
1957년	서울대학교 법과대학 졸업(법학사)
1961년	서울대학교 대학원 법학과 졸업(법학석사)
1961년~1964년	충남대학교 문리과 대학 전임강사, 조교수
1964년~1974년	충남대학교 법경대학 조교수, 부교수
1974년~1980년	성균관대학교 법정대학 부교수, 교수
1978년~1980년	독일 Saaland 대학 방문학자
1980년	일본 오사카시립대학 법학박사 학위 취득
1980년~1997년	연세대학교 법과대학 교수
1990년~2002년	법무부 민사특별법제정 특별분과위원회 위원장
1992년~1994년	한국민사소송법학회 회장
1996년~1998년	한국중재학회 회장
1997년~2005년	대한민국학술원 회원
1999년~2002년	한양대학교 법과대학 객원교수
2005년	작고

참고자료

민사소송법, 김홍규·강태원 공저(삼영사)

민사소송법의 제문제(경허 김홍규박사 화갑기념논문집 I (삼영사)

독일민사소송법(역서), (신원문화사)

경허 김홍규 교수 연보, (민사소송 제15권 제1호: 진원사)

손한기, "경허 김홍규 선생 추도사", (학술원 통신 제147호: 2005년 10월 1일)

이시카와 아키라(石川明), "追悼의 辭"

이시윤, "추도문" (민사소송 제15권 제1호: 진원사)

정동윤, "김홍규 회원의 발자취", (앞서 가신 회원의 발자취 II : 대한민국학술원)

VII

이형국(李炯國) 교수

(1938~2022)

이형국 교수의 삶과 학문

집필자 김종구(조선대학교 교수)

VII

이형국(李炯國) 교수
(1938~2022)

이형국 교수의 삶과 학문

집필자 김종구(조선대학교 교수)

1 머리말

1981년 봄 이형국 교수는 연세대학교 법과대학에 부교수로 부임하였고, 필자는 신입생으로 입학했다. 1981년은 연세대학교 법학과가 정법대학에서 독립하여 새로이 법과대학으로 출범한 해였다. 학생들은 옛 연세대 도서관인 용재관에서 이형국 교수의 수업을 들었다. 당시 이형국 교수는 1978년 독일에서 박사학위를 취득하고 귀국한 지 얼마 지나지 않은 40대 초반의 연부역강한 학자였다. 그는 다수의 형법 논문을 집필하면서 독일 형법이론을 우리 형법학에 체계적으로 접목하여 소개하였다. 그는 형법총론 강의에 새로이 발표한 논문들의 내용을 반영하였는데, 당시 기존 국내 형법 교과서에 없는 독일의 이론들을 가미한 것이었다. 그는 초기 연구 성과물을 집성하여 1984년 '형법총론연구

Ⅰ'[1]을 출간하였다. '형법총론연구Ⅰ'은 우리 형법학의 대 전환을 알리는 신호탄이었다. 당시 이형국 교수가 소개하여 도입한 독일 형법이론들은 이제 우리 형법학계 주류로 자리 잡았다. 이형국 교수는 해방 이후 1970년대까지 일본 형법학의 영향을 받던 한국 형법학의 학문적 수준을 단숨에 새로운 단계로 끌어올렸다.[2]

이형국 교수는 1938년 서울 돈암동에서 출생하였다. 이후 전남 도지사를 역임한 부친 이을식 선생을 따라 광주로 내려가 초중고 시절을 보내고, 성균관대학교 법률학과와 대학원 석사과정을 졸업했다. 공군 장교로 복무하면서 교관으로 생활하였고, 총신대 조교수를 지냈다. 총신대 재직 중 독일에 유학하여 1978년 하이델베르크(Heidelberg) 대학에서 박사학위(Dr. Jur.)를 취득했다. 박사학위 취득 후 경희대에서 잠시 근무하다, 1981년 연세대 법과대학으로 부임하여, 22년간 연세대에서 봉직하였다. 정년퇴임 후 한림대 석좌교수와 대한민국 학술원 회원을 역임하였고, 2022년 10월 4일 별세하였다.

필자는 처음 이형국 교수님의 부음 소식을 듣고 잘 믿기지 않았다. 그 몇 해 전부터 건강이 조금씩 좋지 않으셨지만, 분명 장수하시리라 생각해서였다. 그동안 새해 첫날과 스승의 날 외에는 자주 뵙지 못했다. 정년 후에도 학회에 자주 나오셨는데, 어느 해인가 박양빈 교수님과 함께 학회에 나오신 모습을 뵌 후 학회에서도 뵙지 못했다. 그날 지하철역을 향해 가시는데, 다른 교수들과 모임 때문에 댁에 모셔다드리지 못한 것이 아직도 마음에 걸린다. 그 뒤로 건강이 좋지 않으셨다. 이 글에서 이형국 교수님의 삶과 학문을 회고하는 것으로 다시 한번 추모를 대신하고자 한다.

2 이형국 교수의 삶

1. 출생과 가족

서울에서 출생한 이형국 교수는 전라남도 도지사를 역임한 부친 이일식 선생을 따라 광주로 내려가 어린 시절과 청소년기를 보냈으며, 광주의 중앙초등학교, 서중·일고를 졸업하였다. 부친 이일식 선생은 슬하에 3남 5녀를 두었고, 이형국 교수는 장남이다. 둘째 아들 형교와 셋째 아들 형철은 미국에서 한의사와 대학교수였다. 정시채 전 농림부장관이 첫째 사위이고, 김동신 전 국방부 장관은 셋째 사위이다. 이형국 교수는 슬하에 1남을 두었고, 아들인 이기원 박사도 형법으로 박사학위를 취득하였다.

부친 이일식 선생은 이승만 박사와 일제 때부터 친분이 있었고, 해방 후 이 박사가 미국에서 귀국할 때부터 대통령이 되기까지 측근에서 그를 도왔다. 이일식 선생의 숙부가 임정에서 재정을 담당했고, 이일식 선생이 자금을 모아 압록강을 건너 상해에 전달하기도 하였다.[3] 이일식 선생은 어린 시절부터 독실한 기독교 신자였으며 3·1 독립운동에도 참여하였고, 공직자로서도 청빈한 삶을 살았다. 이형국 교수는 독립운동가이며, 신실한 신앙인이자, 강직하고 청렴한 공직자의 집안에서 성장하였다. 이러한 가풍이 이형국 교수의 삶과 학문에 큰 영향을 준 것으로 판단된다.

2. 이형국 교수의 청빈한 삶 및 신앙과 부친 이을식 선생

1) 청빈의 삶

이형국 교수의 성장 배경에 빼놓을 수 없는 것이 부친 이을식 선생이다.[4] 이을식 선생은 전북 옥구 출신으로 14살의 나이에 3·1 독립운동에 참여하였다. 그는 일본 순사에게 맞아 왼쪽 다리뼈가 세 토막 나는 부상을 입고 평생을 불편한 몸으로 살았으나, 독립유공자 신청을 거절할 정도로 강직한 성품이었다. 이을식 선생은 연희전문학교와 보성전문학교에서 수학했으며, 친분이 있던 이승만 대통령의 뜻에 따라 제3대 전남 도지사로 부임하였다.[5] 그러나, 이승만 대통령에게 초대 대통령만 하고 미국 조지 워싱턴처럼 국부 역할을 하라고 진언하면서 사이가 멀어졌다.

이을식 선생은 전남지사 시절 항상 허름한 삼베옷과 무명옷을 즐겨 입은 청백리의 표상이었다. 도지사 시절에는 삼베옷의 도지사라 하여 '마의도백'이라는 별명까지 얻었다.[6] 이을식 선생은 전남대의 설립자로도 불린다. 그의 민족정신과 청빈한 생활이 도민들의 마음을 움직여, 전쟁 중인 어려운 상황 속에도 도의회를 설득하고 도민들에게 호소하면서, 전남대 설립자금을 확보하여 전남대의 기틀을 마련하였다.[7]

이을식 선생은 전남지사로 부임하기 전 도지사 임기 중 생활비로 쓰기 위해 서울의 자택을 팔고 광주로 내려갔다.[8] 광주에서도 도지사 사택으로 받은 집이 있었으나, 교회에 기부하였다. 이형국 교수에 따르면, 1970년대 독일 유학을 하니 주위에서는 전 도지사의 아들이라 유복한 유학 생활을 한 것으로 생각하였다. 그러나 부친이 워낙 청빈한 분이셨고 유학 생활 중 거의 부친의 지원을 받지 못하여 독일 공장에서 아르

바이트하며 생활하였다. 새벽부터 공장에 나가 일하였는데, 워낙 성실하게 근무하니 사장이 더 일해 달라고 하여 원래 계약 기간을 넘겨 일하기도 했다. 이형국 교수는 늘 검소하게 생활하였고 지하철 등 대중교통을 주로 이용하였으며 산책을 즐겨 하였다. 그는 학문을 탐구하는 일, 학자의 삶은 곧 자기희생이라고 말하였고, 학문의 길을 걷는 동안 금전이나 지위에 한눈을 팔지 않았다. 이러한 이형국 교수의 청빈한 삶에는 부친 이을식 선생의 영향이 컸다고 판단된다.

전남지사 재임 시절 이을식 지사, 이승만 대통령, 밴 플릿(Van Fleet) 장군

2) 신앙

이형국 교수는 독실한 기독교인이었다. 이형국 교수의 신앙은 부친 이을식 선생의 지대한 영향을 받았다. 이을식 선생은 어릴 적부터 기독교 신자였으며, 3·1 운동에도 참여하였다. 소년 이을식은 종로교회를 다녔고, 담임목사는 김창준[9]이었다. 김창준 목사는 소년 이을식에게 독립선언서와 태극기 묶음을 미리 교회 인근 탑동공원[10]에 가져다 놓도록 했다. 군중들에게 독립선언서와 태극기가 배포되었고, 이을식은 만

세 행렬을 따라 행진을 시작했다. 그러나 그는 일제 경찰에게 붙잡혀 심하게 구타당해 왼쪽 다리가 세 부분으로 부러진 채 청계천 가에 버려졌다. 해 질 무렵 부근을 지나던 행상이 이일식을 발견하고 남대문 남쪽에 있던 세브란스병원으로 급히 옮겼다. 이렇게 기적처럼 살아난 이일식은 그 후 평생 중앙감리교회[11]를 섬겼다.[12]

이러한 부친의 애국심과 신앙심은 이형국 교수에게 큰 영향을 미쳤다. 이형국 교수는 저서의 서문에 부모님께 대한 감사와 함께, "본서가 나올 수 있도록 저자의 생명과 건강을 지켜주신 하나님께 감사와 찬송을 드린다."는 말씀을 쓰곤 하였다.[13] 학자로서 삶도 늘 신앙과 함께였다. 이형국 교수의 신앙생활은 드러내지 않는 조용한 것이었다. 연구실에서 홀로 기도드리는 모습이 제자들의 눈에 띄기도 하였다. 이형국 교수는 법학논문 이외에 다수의 기독교 관련 논문을 집필하기도 하였다.[14] 이형국 교수의 형법학은 죄형법정주의, 형법의 적용범위, 사형폐지론 등 형법이론의 여러 주제에서 기독교인으로서 신앙이 투영되고 있는 것으로 판단된다.

3. 학업과 유학

이형국 교수는 성균관대학교 법정대학 법률학과를 졸업하고, 성균관대 대학원에서 신동욱 교수의 지도로 법학석사학위를 취득하였다. 이형국 교수는 원래 법제사에 관심이 많아 형법사를 전공하려 했는데, 대학원에 법사학 전공이 없으니 형법전공으로 들어와서 공부해보라는 신동욱 교수의 권유로 형법을 전공하게 되었다.[15] 이형국 교수의 석사학위 논문 제목은 "이조 형사법과 그 사상적 배경"이다.[16] 이형국 교수는 우리나라 고유법과 현재 통용되는 외국법과의 관계에서 차이점 등에 관심이 많았고, 법학보다 역사학에 관심이 많았으나, 부모님의 뜻에 따라 법학과에 진학한 사정이 법제사 선택에 영향을 주었다.[17)]

이형국 교수는 공군장교로 복무하면서 4년간 교관생활을 하였다. 제대 후 총신대에서 강사로 사회학, 논리학과 독일어를 강의하였다.[18)] 총신대에서 조교수로 재직 중 독일의 하이델베르크(Heidelberg) 대학으로 유학을 떠났다. 1978년 올라프 미에(Olaf Miehe) 교수[19)]의 지도로 박사학위를 취득하였다. 박사학위 논문의 제목은 "독일형법 제34조 정당화적 긴급피난에 있어서 이익형량과 적합성 심사"(Interessenabwägung und Angemessenheitsprüfung im Rechtfertigenden Notstand des § 34 StGB)였다. 올라프 미에 교수는 소년법(Jugendstrafrecht)을 전공하였는데, 1935년생으로 이형국 교수와 비슷한 연배였다. 이형국 교수의 박사학위논문 초안을 보고 미에 교수는 다른 사람들의 생각만 담을 것이 아니라, 자신의 생각을 담아내라고 조언했다. 이형국 교수는 총신대에서 독일어 강의를 한 적이 있는데 이 경험이 독일 유학에 많은 도움이 되었다. 독일에서 독일어 과정을 하다 보니까 예전에 총신대에서 독일어를 가르쳤던 것이 큰 도움이 되었다. 가르치면서 배운다는 말처럼, 가르치는 데에서 오히려 독일어 실력이 향상될 수 있었고, 독일에서 비교적 단기간 내에 학위를 마치는 데에도 많은 힘이 되었다.[20)]

이형국 교수의 독일 유학 생활의 일화 중 하나는 박사학위 종합시험에 관한 것이다. 이형국 교수는 어느 날 대학원 수업 후 식사 자리에서 제자들에게 독일 유학 중 박사학위논문을 위한 종합시험에 얽힌 에피소드를 말해주었다. 하이델베르크대학의 종합시험은 엄격히 실시되었으며, 다양한 법과목이 시험과목에 포함되어 있었다. 시험시간도 상당히 길어 외국인들은 쉽게 합격하기 어려웠다. 대개 조교들이 시험 문제를 주고 나가면 여러 시간 동안 혼자 답안을 작성해야 했다. 외국인 유학생들은 불합격되는 경우가 많았다. 이형국 교수는 이 시험을 첫 응시에 합격하였다. 지도교수인 올라프 미에 교수는 이 소식을 듣고 놀라워했다. 오랫동안 종합시험을 통과하지 못하고 있던 중국인 유학생이 이형국 교수의 합격 소식을 듣고 찾아와 시험 준비 방법을 물었다. 이형국 교수는 종합시험 과목을 모두 공책에 필기로 정리하여 암기했다고 말해주고 공책을 보여주었다. 공부 방법을 들은 중국인 유학생은 방법은 잘 알겠는데, 자신은 그대로 하기 어렵겠다며 학위를 포기하고 귀국하였다. 이형국 교수의 독일 유학생활이 어떠했는지 잘 보여주는 에피소드이다.

4. 형법학자로서 활동

이형국 교수는 1978년 독일에서 박사학위를 취득한 뒤 귀국하여 총신대에 잠시 복귀했다가 경희대 법대에 부교수로 임용되었다. 1980년 1년 동안 연세대에서 시간강의를 하였고, 1981년 연세대 법과대학에 부교수로 부임하였다. 이형국 교수의 회고에 따르면, 1978년 7월 한국형사법학회가 주최한 학술 세미나에서 "긴급피난에 있어서 이익형량과 적합성 심사"라는 제목의 주제발표를 하였는데 이때 정영석 교수를 처음 만났다. 정영석 교수의 요청으로 1980년부터 연세대에 출강하였으며, 1981년 3월 정영석 교수의 추천으로 그의 후임 형사법 담당 교수가 되었다.[21] 이후 22년간 연세대에서 봉직한 후 정년 퇴임하였고, 퇴임 이후에도 70세까지 강의하였다. 퇴임 후 한림대 석좌교수와 대한민국 학술원 회원으로 활동하였다.

이형국 교수는 독일에서 귀국 후 형법의 거의 모든 주제를 섭렵하는 논문들을 발표하였다. 이들 논문은 치밀한 각주와 함께 독일의 형법이론을 우리 형법학에 접목한 것이었으며, 한국 형법학을 일거에 새로운 단계에 진입시켰다. 과거 행위론과 범죄론체계를 중심으로 독일의 형법학이 국내에 부분적으로 소개되었으나,[22] 이형국 교수에 의해 처음으로 전체적인 독일의 형법 이론체계가 우리 형법학에 체계적으로 소개되어 도입되면서, 한국 형법학은 세계적인 수준으로 탈바꿈하였다.

이형국 교수는 한국형사법학회, 한국형사정책학회, 한국교정학회 회장을 역임하면서, 한국 형사법학계의 발전에도 큰 기여를 하였다. 또한 이형국 교수는 많은 제자들을 길러내었으며, 모두 한국 형사법학계의 중추적인 역할을 하고 있다.

스승의 날 제자들과 함께한 이형국 교수님. 사진에서 앞줄 왼편부터 이인영(홍익대), 이형국 교수님, 천종철(서원대), 김종구(조선대), 황태정(경기대), 김정환(연세대), 이창현(한국외대), 정웅석(서경대)

3 이형국 교수의 형법학

1. 이형국 교수의 형법사상

이형국 교수는 신실한 기독교 신자인 법학자로서 그의 학문의 배경이 되는 사상은 기독교 사상이라 할 수 있다. 이형국 교수의 부친 이을식 선생은 어린 시절부터 독실한 기독교 신자로서 평생 교회를 섬기며 살았다. 기독교 신앙 속의 가정이 이형국 교수의 신앙에 많은 영향을 주었고, 이형국 교수의 형법사상의 뿌리에는 기독교 사상이 있었다. 그는 연세대에 봉직하면서, 연세대학교는 진리와 자유를 전면에 내세우는 학교이며, 연세법학은 바른길, 정의, 진리를 추구해야 한다고 보았다. 진리 속에서 보장될 수 있는 것이 자유이며, 자유는 넓게 인정될 수 있을수록 좋으나 그것은 어디까지나 진리의 테두리를 벗어나서는 안 된다고 강조하였다. 그는 진리와 자유에 내재할 수 있는 가치관이 평등이며, 진리, 자유, 평등이 법학도의 지향점이라 하였다. 그리고 진리와 정의를 먼저 찾는 것이 중요한 기본 방향이라 하였다.[23] 이러한 이형국 교수의 언급은 "너희가 내 말에 거하면 참 내 제자가 되고 진리를 알지니 진리가 너희를 자유케 하리라"는 요한복음[24] 속의 말을 떠올리게 하며, 성경 속의 진리와 자유의 의미에 대한 통찰이 바탕이 된 것이라 생각된다.

기독교 사상에 기초한 이형국 교수의 형법학은 죄형법정주의, 형법의 적용범위, 사형폐지론 등 형법이론의 여러 장면에서 반영되고 있는 것으로 판단된다. 이형국 교수는 형법 논문뿐 아니라 "칼빈의 법률관"[25] 등 여러 기독교 관련 글을 쓰기도 하였다. 논문 "칼빈의 법률관"은 14쪽 분량이나 100개의 각주가 있을 만큼, 이형국 교수는 자신의 글의 근거를 엄밀히 밝혔다.

2. 이형국 교수의 학문과 형법이론

1) 학문

(1) 학문의 방법

이형국 교수의 학문적 방법이 우리 형법학에 미친 영향 중 중요한 것은 치밀한 문헌조사를 거쳐 글의 근거를 각주에 엄격히 밝힌 것이라 하겠다. 과거 우리는 타인의 글의 인용에 출처를 밝히지 않는 것에 관대한 편이었다. 일본 법학 문헌들이 우리 법학에 많은 영향을 주었던 1970년대까지 자신의 글의 근거를 각주에 정확히 밝히지 않는 경우가 많았다. 이형국 교수는 독일에서 박사학위를 취득하고 귀국한 이후 1979년부터 본격적으로 형법논문을 쓰기 시작했는데, 그 이전에 기독교 관련 글에서도 정확한 각주를 근거로 하는 글을 썼다. 물론 형법 논문에서도 엄밀한 각주로서 글의 근거를 제시했다. 이는 우리 형법학계의 글쓰기 방식에 새로운 변화를 가져왔으며, 그 결과 학계의 논문 수준을 한층 높이는 계기가 되었다.[26)]

이형국 교수는 글의 학문적 엄밀성과 정확성을 항상 염두에 두었으며, 글쓰기란 덜어내는 것이 중요하다고 말하였다. 군더더기 없는 간결한 글쓰기는 이형국 교수 글의 특징이었고, 그의 글은 늘 명확하였다. 이형국 교수가 우리 학계에 소개한 독일 형법이론들은 국내에 처음 소개된 것이 다수였으며, 생소한 독일 형법 용어의 번역과 새로운 이론을 우리 형법체계에 맞게 정리하는 데 난관도 많았다. 그는 저서의 서문에 다음과 같이 말한다. “이렇게 써 나아감에 있어서 직접 독일문헌으로부터 처음으로 인용·소개해야 할 부분이 적지 않았기 때문에 그 내용의 조화와 새로운 용어의 표현 등 많은 어려움이 뒤따랐다."[27] 국내에 처음으로 독일 형법이론을 소개할 때 용어의 해석과 정확한 내용의 전달에 많은 노력이 필요했다. 이형국 교수는 학문적 엄밀성과 성실함으로 이러한 작업을 성공적으로 해내었고, 우리 형법과 체계적 조화 속에 독일 형법이론을 수용함으로써 한국 형법학의 비약적인 발전을 이루었다.

(2) 외국법의 수용

해방 이후부터 1970년대까지 우리 형법학은 일본 형법학의 영향을 강하게 받았다. 독일 형법이론이 일부 소개되었지만, 여전히 일본 형법학의 틀에서 크게 벗어나지 못했다. 그러나 1970년대 후반 이후, 독일에서 형법학으로 박사학위를 취득한 학자들이 귀국하면서, 독일 형법이론이 본격적으로 도입되고 우리 형법학에 접목되기 시작했다.[28] 특히 1980년대 이후, 독일에서 연구한 학자들이 학계를 주도하면서, 우리 형법학은 큰 변화를 맞이했다. 독일 형법이론이 대거 수용되었고, 일본을 통해 간접적으로 접하던 독일 형법이론에서 벗어나 직접 독일 형법이론을 받아들이게 되었다. 물론 이후 우리 형법학이 독일식 형법학에 지나치게 의존했다는 비판도 제기된다. 그러나 독일의 새로운 형법이론이 적극 도입되면서, 우리 형법학의 내용은 더욱 풍부해지고 학문적 깊이도 더해졌다.

다만, 우리 형법학과 독일 형법학이 각기 기초로 하는 한국 형법전과 독일 형법전은 공통점이 많으나 차이점도 많다. 독일 형법전에 기초한 독일 형법이론을 수용할 때는 이러한 차이점을 고려하여 신중할 필요가 있다. 이형국 교수는 다음과 같이 이러한 문제에 대하여 견해를 말하고 있다. "외국의 발전된 이론을 도입한다는 것이 결코 무의미한 일이 아니며 우리 형법학의 발전에도 큰 기여가 된다는 것은 결코 간과해서는 아니 된다. 그러나 외국이론을 도입함에 있어서는 몇 가지 꼭 생각해야 할 일이 있다. 먼저 이들 이론이 우리의 실정법 해석에 합치될 수 있는가를 검토해야 한다. 아무리 좋은 이론, 새로운 이론이라 할지라도 우리의 실정법 해석에 맞지 아니하면 단지 입법론적 방향을 제시하는 의미를 가질 수 있을 뿐이다."[29)]

이형국 교수는 외국법의 수용에 있어서 우리 형법체계와 정합성을 강조하였다. 이형국 교수는 이를 실제 실천하였다. 독일 형법이론을 우리 실정법 체계와 조화시켜 도입한 것이다. 이는 비교법을 연구하는 모든 학자들에 기본이 되는 교훈이라 하겠다. 이제 한국 형법학은 1980년대 이후 이룬 발전의 성과를 검토하고 수정하면서 우리 고유의 형법학을 정립해 가야 할 과제를 안고 있다. 1980년대 한국 형법학은 독일 형법이론의 수용으로 커다란 변혁을 이루어내었으며, 이 시기 이형국 교수의 역할은 지대한 것이었다. 우리 법체계는 대륙법계를 기초로 하고 있으며, 대륙법계 형법학과의 교류는 당연한 것이다. 독일 형법학 이론을 수용하여 우리 형법학을 발전시키는 것은 중요한 일이었다. 앞으로는 지금까지 이룬 우리 형법학의 성과에 세계 양대 법체계인 영미법계가 이루어 낸 이론적 성과도 함께 반영하여 우리의 독자적인 형법학 체계를 구축해가야 할 것이다. 이러한 앞으로의 과정에서 이형국 교수의 비교법적 연구에 관한 성찰은 중요한 길잡이가 될 것이다.

2) 주요 형법이론

이형국 교수는 형법의 거의 모든 주제에 대하여 독일 형법학과 비교

법적 관점의 연구를 수행했고, 연구 결과를 우리 형법 체계와 조화 속에 우리 형법학에 수용하였다. 이형국 교수의 형법학은 우리 형법학 전반에 영향을 주었으며, 그중 특히 중요한 의미를 갖는 것이 행위론, 범죄체계론, 착오론과 인과관계론이다. 이들 분야에 관한 이형국 교수의 연구 성과는 독일의 형법이론을 국내에 대거 소개하고 수용함으로써, 우리 형법학의 지대한 변화를 이끌었다.

(1) 행위론과 착오론 및 범죄체계론

이형국 교수는 형법상 행위란 사회적으로 중요한 인간의 행태라는 사회적 행위론을 취한다.[30] 과거 우리 형법학계는 구성요건에 앞선 행위개념을 중요하게 다루지 않았다. 과거 행위론은 대개 구성요건론에서 함께 설명되는 정도였다. 그러나 이형국 교수는 구성요건 전 단계의 행위론에서부터 자신의 입장을 명확히 하면서 범죄체계론을 전개하였다. 1970년대까지 국내 형법학계는 인과적 행위론과 목적적 행위론이 대립하는 상황이었으나, 이제 이형국 교수가 주장한 사회적 행위론이 통설이 되었다.

형법에서 착오는 크게 사실의 착오와 법률의 착오로 나뉜다. 그런데 이와 유사하면서도 구별되는 제3의 착오로 '위법성조각사유의 전제사실의 착오' 또는 '정당화 사정의 착오'가 있다. 과거 우리 형법학에서는 이러한 착오를 주로 오상방위의 문제로 다루었으며, 엄격고의설에 따라 고의가 조각되고 과실범이 성립할 여지가 있는 것으로 이해했다. 목적적범죄론체계를 따르는 학자들은 이 착오를 법률의 착오로 보아 형법 제16조를 적용하여 해결하였다.

그러나 1980년대 초, 이형국 교수는 독일 형법학에서 논의된 소극적

구성요건요소론, 엄격책임설, 제한적 책임설, 법효과제한적 책임설을 국내에 소개하면서 우리 형법학계에 위법성조각사유의 전제사실의 착오에 관한 새로운 시각을 제시했다.[31] 그는 고의의 이중기능이론에 기초하여 법효과제한적 책임설을 취하였고, 이는 곧 우리 형법학계의 다수설로 자리 잡았다.[32] 법효과제한적 책임설은 고의가 구성요건의 요소이자 책임 판단의 요소로 동시에 기능하는 것으로 보며, 목적적 범죄론체계와 인과적 범죄론체계를 결합한 합일태적 범죄론체계를 기반으로 하는 것이다. 이형국 교수는 1986년 출간한 '형법총론연구Ⅱ'의 머리말에서 "저자는 1979년 이래 강의와 문헌을 통하여 꾸준히 주장해 온 바 인과적 행위론과 목적적 행위론의 합일태적 의미에 있어서의 사회적 행위론을 기초로 한 신고전적 범죄론체계와 목적적 범죄론체계의 합일태적 범죄론체계에 따른 이론구성을 일단락 지었다."고 밝히고 있다.[33]

1980년대 이전까지 한국 형법학은 일본 형법학의 영향으로 인과적 행위론을 기반으로 한 신고전적 범죄론체계가 주류의 입장이었다. 일부 학자들은 목적적 범죄론체계를 취했다. 그러나 1980년대에 들어 신고전적 범죄론 체계와 목적적 범죄론체계를 결합한 합일태적 범죄론체계가 새롭게 소개되고 주장되었다. 독일 형법학이 이룬 성과의 대부분이 우리 형법학에 수용된 것이다. 이러한 과정을 거쳐 우리는 일본 형법학의 영향에서 벗어나 독자적인 형법학을 발전시킬 수 있는 기반을 마련하였다. 이 변혁의 중심에 이형국 교수의 형법학이 있었다.

(2) 인과관계론

과거 우리 형법학계는 인과관계의 사실적 측면과 규범적 측면을 구분하지 않았다. 인과관계의 사실적 측면과 법적 측면을 하나의 단계에서 판단하는 상당인과관계설이 학설과 판례의 입장이었다. 그러나, 1980년대 독일의 객관적 귀속론(objektive Zurechnungslehre)이 소개되면서,[34] 인과관계를 조건설을 기초로 판단하는 사실적 측면과 다양한 규범적 판단기준이 적용되는 법적 측면으로 구별하는 견해가 일반화되었다. 이 규범적 측면의 인과관계를 판단하는 것이 객관적 귀속론이다.[35]

이형국 교수는 독일 형법학의 객관적 귀속론을 국내에 처음 소개하고 주장하였다.[36] 형법상 인과관계는 먼저 합법칙적 조건설에 따라 사실상 인과관계가 판단되고, 다음 단계에서 다양한 규범적 척도를 기초로 결과의 행위에의 객관적 귀속 여부가 판단된다고 이해되었다. 사실상 인과관계(factual causation)는 조건설을 기초로 하는 사실상의 판단이며, 객관적 귀속(objective Zurechnung) 또는 법적 인과관계(legal causation)의 판단은 다양한 규범적 척도를 기준으로 하는 규범적 판단이다.[37] 이형국 교수가 국내에 처음 소개하고 주장했던 객관적 귀속론은 우리 형법학의 인과관계론에 큰 변화와 발전을 가져왔고 이제 우리 형법학계의 통설이 되었다.[38]

3. 한국 형법사와 이형국 교수

1) 해방 후 1970년대까지

일본은 메이지 유신 이후 국가를 근대화하기 위한 작업의 일환으로 서양의 근대 법체계를 신속히 도입하고자 하였다. 일본은 영미법에도 관심이 있었으나 수많은 판례를 들여오는 것이 불가능하다는 것을 알고, 대륙법체계 중 프랑스 법체계를 기초로 자신의 법체계를 근대화하였다. 초기 일본이 수용한 서양 법체계는 나폴레옹법전을 토대로 한 것이었다.[39] 이후 일본은 정치적·학문적으로 독일과 밀착하게 되었고, 일본의 근대 법체계는 독일 법체계의 강한 영향을 받은 것이었으며, 이러한 일본의 근대 법체계가 일제강점기에 한반도에 그대로 이식되었다. 해방 후 우리의 법체계는 독일 법체계에서 유래한 대륙법체계였다. 일제강점기에 이어 신생 대한민국의 법체계는 독일 법체계에 토대한 일본법의 영향을 다수 받았으며, 형사법 분야에서도 사정은 같았다.

해방 후 우리 형법학은 일본에서 공부한 학자들에 의해 시작되었고, 자연 일본 형법학의 영향을 받을 수밖에 없었다. 형법 제정 전에는 일본 형법 교과서가 번역되어 교과서로 사용되기도 하였다. 초기 우리 형법학은 당시 일본 형법학의 신·구파 논쟁이 재연되는 공간이었다. 범죄론체계도 인과적 행위론에 기초한 신고전적 범죄론체계가 일반적인 것이었다. 그러나 1950년대 후반 이후 목적적 행위론이 소개되고 주장되면서, 신·구파 논쟁은 일단락되고, 독일 형법이론에 따른 범죄론체계 논쟁이 중심이 된다. 그러나 우리 형법학은 1970년대에 이르기까지 일본 형법학의 영향 하에 있었으며, 다만 행위론을 중심으로 독일의 형법이론이 부분적으로 소개되고 있었다. 이러한 과정을 거쳐 초기 우리 형법학은 뿌리를 내리게 된다. 이 시기를 대표하는 정영석 교수를 비롯한 형법학자들은 한국 형법학 개척의 선구자로서 우리 형법학의 토대를 구축했다. 이들은 한국 형법학의 초석을 놓고 이후 1980년대의 중흥기로 나아갈 수 있는 기초를 마련했다 할 수 있다. 그 뒤 1980년대 제2세대 형법학자로서 우리 형법학의 변혁을 이끈 주역이 이형국 교수였다.

2) 1980년대 이후

1970년대 말과 1980년대부터 독일에서 형법학을 연구하고 박사학위를 취득한 학자들이 귀국하여 국내 대학에 자리 잡으면서 한국 형법학은 커다란 변혁의 시기를 맞게 된다. 이 시기에 독일 형법이론들이 우리 형법학에 체계적으로 도입되기 시작했으며, 다양한 형법이론이 등장하면서 우리 형법학은 질적 및 양적으로 비약적인 발전을 이루었다. 객관적 귀속론과 위법성조각사유의 전제사실의 착오에 관한 이론들은 이 시기 수용된 독일 형법이론 중 대표적인 것이다. 고의의 이중기능이론에 기초로 인과적 범죄론체계와 목적적 범죄론체계를 모두 반영한 합일태적 범죄론체계가 국내에 소개되어 주장되었다.[40] 이러한 독일 형법이론은 기존의 국내 문헌에 없던 새로운 내용이었다. 이형국 교수는 이들 독일 형법이론을 국내에 처음으로 소개하고 수용하였다. 1980년대 이후 우리 형법학의 성과에 대해서는 독일법의 번안법학이라는 비판적 시각도 있다. 해방 후 1980년 무렵까지 우리 형법학이 일본식 형법학에 치우치더니, 1980년대 이후에는 독일식 형법학에 치우쳤다는 지적도 있다.[41] 그러나, 이형국 교수가 독일 형법이론을 체계적으로 한국 형법학에 도입하여 1980년대 이후 한국 형법학의 변혁을 이룬 점은 크게 평가되어야 한다. 이 시기에 독일 형법학이론이 체계적으로 수용되어 우리 형법학은 그 면모를 일신하였으며, 독자적인 한국 형법학의 체계를 구축해 갈 수 있는 기반을 마련한 것이다.

우리 형법학의 1세대 학자들은 어려운 여건 속에 우리 형법학의 토대를 마련한 분들이지만, 주로 일본에서 법학을 공부하고 일본법의 영향을 많이 받은 분들이었다. 이형국 교수는 2세대 형법학자라 할 수 있고, 독일 형법이론을 체계적으로 우리 형법학에 접목시키면서 1980년대 우리 형법학의 변혁과 발전에 지대한 공헌을 하였다. 일본 형법학의 영향하에 있던 우리 형법학의 전환점이 된 것이 1984년 이형국 교수의 '형법총론연구Ⅰ'의 출간이었다. 이형국 교수는 연세대에 부임한 1980년대 초 아직 국내에 소개되지 않은 독일형법이론들을 체계적으로 우리 형법에 맞게 정리하여 다수의 논문을 집필하였으며 이를 기초로 형법총론 저서를 출간한 것이다. 그 뒤 많은 시간이 흘렀지만, 현재 우리 형법학은 아직 이 시기 이형국 교수가 체계화한 형법학의 토대 위 있다고 판단된다.

3) 현재와 이후

이제 우리 형법학도 상당한 수준에 이르렀다. 일방적으로 독일 형법학을 수용하는 것에서 벗어나 우리 고유의 형법이론을 발전시키고 독일 등 외국과 서로 대등한 학문적 교류가 가능하게 해야 한다. 이형국 교수는 여기에 대하여 다음과 같이 말한다.

> "우리는 그동안 너무 일방적으로 독일형법학의 영향을 받아 왔다. 그러나 이제는 우리의 형법학도 상당한 수준으로 발돋움하고 있다. 형법학의 발전을 위한 꾸준한 노력을 통하여 우리의 창의적이고 수준 높은 형법이론이 독일에도 도입되어 상호보완적 관계가 이루어지는 날이 속히 올 것과 날이 갈수록 훌륭한 형사입법과 판례, 그리고 이론이 발전적으로 누적됨으로써 자랑스러운 우리 형법학의 전통이 끊임없이 이어지기를 바라고 기대한다."[42]

현재 한국 형법학이 자리 잡는 데에는 1980년대 이형국 교수의 선구적인 학문적 노력과 헌신이 큰 역할을 했다. 이제 후학들에게 주어진 과제는 우리의 한국 형법학을 제대로 정립하는 것이다. 그동안 우리는 독일에서 발전된 형법학을 연구하고 배우는 데 집중해 왔다. 앞으로는 독일법적 시각과 영미법적 시각을 동시에 반영하여 독자적인 한국 형법학을 구축해가야 할 것이다. 이러한 길을 갈 수 있는 든든한 토대를 마련해 준 것이 바로 이형국 교수의 형법학이다.

4 맺음말

어느 날 이형국 교수님은 386세대인 우리 법대 동기들에게 본인도 386세대라 하셨다. 막 회갑이 지나실 무렵이었는데, 38년생 60대라는 의미였다. 이형국 교수님과 같은 386세대는 1938년생인 박길준 교수님, 허경 교수님이다. 필자가 이형국 교수님으로부터 들은 가장 재미있는 유머이다. 그 유머를 듣던 날도, 치열하게 연구실을 지키시고, 늘 무언가 생각하시며 걷던 이형국 교수님의 모습을 보던 날도, 엊그제 같다. 선구자의 길은 언제나 외롭고 힘든 길이다. 이형국 교수님은 1980년대 한국 형법학의 선구자였다. 새로운 독일의 형법이론을 연구하고 우리 형법체계와 조화시켜 도입하는 과정은 분명 힘든 일이었다. 이형국 교수님은 그 일을 묵묵히 해내셨고, 우리 형법학은 큰 도약을 하였다. 한국 형법학은 여전히 1980년대 이형국 교수님이 이루신 그 형법학의 틀 속에 있다.

이형국 교수님은 신실한 기독교 신자이자, 청빈한 학자였고, 자애로운 교육자였다. 부드럽고 온화한 성품이셨고, 제자들에게 늘 너그러우셨으나, 본인의 학문과 글에는 매우 엄격하셨다. 빈틈없이 치밀한 각주와 함께 글을 쓰셨고, 글뿐 아니라 말씀도 항상 간결하고 명료하게 하셨다. 이형국 교수님의 이러한 엄격함이 방대한 독일 형법이론체계를 섭렵하고, 우리 형법학에 접목시킬 수 있었다고 판단된다. 후학들의 과제는 이형국 교수님의 형법학의 토대 위에 한국 고유의 형법학 체계를 가꾸고 발전시켜가는 일이다. 시간이 흐를수록 한국 형법사에서 이형국 교수님의 의미는 더욱 새록새록 새겨질 것이다. 교수님께서 계시는 곳에서 부디 평안하시기를 빈다.

이형국(李炯國) 교수 연보(年譜)

연 도	내 용
1938년	서울 성북구 돈암동에서 출생
1961년	성균관대학교 법정대학 법률학과 졸업
1964년	성균관대학교 대학원 법학과 수료(법학석사)
1978년	독일 하이델베르크(Heidelberg)대학교 법학박사(Dr. jur.)
1979년	경희대학교 법과대학 부임
1981년	연세대학교 법과대학 부임
1996년	한국형사법학회 회장
1997년	연세대학교 법과대학 학장
2003년	연세대학교 정년퇴임
2003년	한림대학교 석좌교수
2014년	대한민국 학술원 회원
2022년	작고

참고문헌

김종구, "객관적 귀속론과 영미법상 법적 인과관계", 형사법연구 제21권 제4, 2009.

김종구, "위법성조각사유의 전제사실의 착오에 관한 학계와 대법원의 견해에 관한 고찰-대법원 판례의 변천과 관련하여-", 법학연구 제34권 제4호, 연세대 법학연구원, 2024.

김종원, "형법 제정 50주년과 한국형법학의 과제". 형사법연구 제19호, 한국형사법학회, 2003.

신양균, "정당화 사유의 전제사실에 대한 착오", 법학연구(전북대) 12집, 1985.

이형국, "칼빈의 법률관", 신학지남 통권 제182호, 1978.

이형국, "객관적 귀속론에 관한 소고", 연세대 법률연구 제2집, 1982.

이형국, "구성요건적 고의와 책임형식으로서의 고의", 월간고시, 1983. 1·2.

이형국, "독일형법이 한국형법에 미친 영향", 한독법학 제4권, 한독법률학회, 1983.

이형국, "정영석 교수의 생애와 학문 -그의 서거를 애도하면서", 고시연구 1990년 8월호.

이형국, "현대 한국형법에 대한 법사학적 소고-특히 1953년의 형법제정 이후의 변화를 중심으로-", 동암형법논문선, 삼우사, 2008.

"형법과 형법학 -이형국 교수와의 대담-" 법학연구제24권 제4호, 연세대 법학연구원, 2014.

"인터뷰 : '도지사이기 전에 도민이지요' - 이을식 전 전남지사에게 듣는다

－", 지방행정 제43권 제488호, 대한지방행정공제회, 1994.

이형국, 형법총론Ⅰ, 법문사, 1984.

이형국, 형법총론Ⅱ, 법문사, 1986.

이형국, 형법총론, 법문사, 2007.

박상기, 형법총론(제9판), 박영사, 2012.

김종구, 한국 형사법의 역사 속 영미법, 마인드탭, 2016.

죽헌 이을식 전기발간위원회, 저는 벼슬은 안 하렵니다, 이화, 2010.

동암 이형국교수 화갑기념논문집 발간위원회, 현대형사법의 쟁점과 과제, 법문사, 1998.

동암이형국교수고희기념 동암형법논문선, 삼우사, 2008.

미주

1) 이형국, 형법총론Ⅰ, 법문사, 1984.

2) 김종원 교수는 이형국 교수의 업적을 우리나라 형법학계를 대번에 세계적 수준으로 끌어올리는 견인차 역할을 하였다고 말한 바 있다.

3) "손주에 들려주는 광복 이야기", 조선일보 2005년 8월 8일자 기사https://www.chosun.com/site/data/html_dir/2005/08/07/2005080770248.html 2025. 1. 20. 검색.

4) 이을식 선생에 대해서는 죽헌 이을식 전기발간위원회, 저는 벼슬은 안 하렵니다. 이화, 2010 참조.

5) 이을식 선생에 따르면, 이승만 대통령이 전남지사로 내려가라고 하자, 적임자가 아니라고 사양했으나 강권하여 전남지사로 부임했다. "인터뷰 : '도지사이기 전에 도민이지요' – 이을식 전 전남지사에게 듣는다 –", 지방행정 제43권 제488호, 대한지방행정공제회, 1994, 108면, 110면 참조.

6) 앞의 인터뷰 : '도지사이기 전에 도민이지요' – 이을식 전 전남지사에게 듣는다 –", 108면.

7) "우리 대학 설립자 '이을식'을 아시나요?", 전대신문 2019년 3월 4일자 기사 https://press.cnumedia.jnu.ac.kr/news/articleView.html?idxno=14338 2025. 2. 10. 검색. 관련 자료로 전남대학교 60년사 편찬위원회, 전남대학교 60년사, 전남대학교, 2012.

8) 앞의 인터뷰 : '도지사이기 전에 도민이지요' – 이을식 전 전남지사에게 듣는다 –", 109면.

9) 김창준 목사(1890~1959). 김창준 목사는 3·1 운동 당시 민족대표 33인 중 한 명이었다.

10) 지금의 탑골공원이며 과거 파고다 공원으로도 불렸다.

11) 중앙감리교회는 1890년 아펜젤러 선교사에 의해 창립되었고, 원래 교회 명칭은 종로교회였다.

12) 이러한 내용은 [한국기독역사여행] "고난에도 실망 말라, 주님은 수호천사 주신다" 국민일보 2020년 4월 3일자 기사 참조. https://www.kmib.co.kr/article/view.asp?arcid=0924130603 2025. 2. 10. 검색.

13) 이형국, 형법총론연구Ⅰ, 법문사, 1984 서문; 이형국, 형법총론연구Ⅱ, 법문사, 1986 서문 참조.

14) 이형국, "칼빈의 법률관", 신학지남 통권 제182호, 1978 등.

15) "형법과 형법학－이형국 교수와의 대담－" 법학연구 제24권 제4호, 연세대 법학연구원, 2014, 362면.

16) 이형국, "이조 형사법과 그 사상적 배경", 성균관대학교 대학원, 1964.

17) 앞의 "형법과 형법학－이형국 교수와의 대담", 361면.

18) 앞의 "형법과 형법학－이형국 교수와의 대담", 362면.

19) 올라프 미에(Olaf Miehe, 1935－2010).

20) 앞의 "형법과 형법학－이형국 교수와의 대담", 363면.

21) 이러한 내용은 이형국, "정영석 교수의 생애와 학문 －그의 서거를 애도하면서", 고시연구 1990년 8월호, 234면 이하 참조.

22) 1980년대 이전 이미 1950년대 말 김종원 교수를 중심으로 독일의 목적적 행위론과 목적적 범죄론체계가 소개되고 주장되었으며, 1970년대에 심재우 교수를 중심으로 사회적 행위론이 소개되고 주장되었다.

23) 앞의 "형법과 형법학 －이형국 교수와의 대담－", 377면.

24) 요한복음 제8장 제31절, 제32절.

25) 이형국, "칼빈의 법률관", 신학지남 통권 제182호, 1978, 103면 이하.

26) 이형국 교수는 국내에 새로이 독일 형법이론을 소개한 자신의 문헌을 인용 표시도 없이 인용하는 사례에 서운한 마음을 표하기도 하였다.

27) 이형국, 형법총론Ⅰ, 서문.

28) 1970년대에 들어 형사법 연구로 독일에서 박사학위를 취득한 학자들이 나타났다. 박동희 교수가 1971년에 독일 본(Bonn)대학에서 박사학위를 취득했고, 이형국 교수가 1978년 독일의 하이델베르크(Heidelberg)대학에서 박사학위를 취득했다.

29) 이형국, "현대 한국형법에 대한 법사학적 소고－특히 1953년의 형법제정 이후의 변화를 중심으로－", 동암형법논문선, 삼우사, 2008, 26면.

30) 이형국, 형법총론연구Ⅰ, 133면.

31) 이형국, 형법총론연구Ⅰ, 239면 이하.

32) 이형국, 형법총론, 법문사, 2007, 127면; 박상기, 형법총론(제9판), 박영사, 2012,

268면; 신양균, “정당화사유의 전제사실에 대한 착오”, 법학연구 제12집, 전북대 법학연구소, 1985, 109면; 김종구, “위법성조각사유의 전제사실의 착오에 관한 학계와 대법원의 견해에 관한 고찰－대법원 판례의 변천과 관련하여－”, 법학연구 제34권 제4호, 연세대 법학연구원, 2024, 44면 이하.

33) 이형국, 형법총론연구Ⅱ, 머리말.

34) 국내에 객관적 귀속론을 소개한 초기 문헌으로는 이형국, “객관적 귀속이론에 관한 소고”, 법률연구 제2집, 연세대 법률문제연구소, 1982. 2, 109면 이하.

35) 김종구, “객관적 귀속론과 영미법상 법적 인과관계”, 형사법연구 제21권 제4, 2009, 461면 이하 참조.

36) 이형국, “객관적 귀속론에 관한 소고”, 연세대 법률연구 제2집, 1982(동암 이형국교수 고희기념 동암형법논문선, 법문사, 2008, 59면 이하).

37) 영미에서도 인과관계는 사실상 인과관계(factual causation)와 법적 인과관계(legal causation)로 단계를 나누어 판단한다는 점에서 우리 형법학과 독일 형법학에서 인과관계론과 구조가 같다. 그리고 영미법에 말하는 법적 인과관계의 판단의 의미는 객관적 귀속의 판단의 의미와 거의 같다.

38) 다만, 대법원은 여전히 하나의 단계에서 인과관계의 사실상 측면과 법적 측면을 모두 판단하는 상당인과관계설을 취한다.

39) 김종구, 한국 형사법의 역사 속 영미법, 마인드탭, 2016, 4면 이하.

40) 고의의 이중기능이론에 관한 초기의 이형국 교수의 글로는 이형국, “구성요건적 고의와 책임형식으로서의 고의”, 월간고시, 1983년 1월호, 2월호 참조.

41) 김종원, “형법 제정 50주년과 한국형법학의 과제”. 형사법연구 제19호, 한국형사법학회, 2003, 3면.

42) 이형국, “독일형법이 한국형법에 미친 영향”, 한독법학 제4권, 한독법률학회, 1983, 118면.

VIII

김주수(金疇洙) 교수

(1924~2021)

김주수 선생님: 한국 가족법 현대화의 선구자

집필자 김태관(연세대학교 교수)

Ⅷ

김주수(金疇洙) 교수

(1924~2021)

김주수 선생님: 한국 가족법 현대화의 선구자

집필자 김태관(연세대학교 교수)

1 들어가며

김주수 선생님은 대한민국 가족법 연구의 선구자로서, 가족법의 근본적인 개혁을 위해 평생을 헌신하셨다. 그는 학자로서 이론적 연구뿐만 아니라, 실질적인 법 개정 운동에도 적극적으로 참여하며 한국 가족법의 발전에 중대한 기여를 하셨다.

이 글에서 미흡하지만, 후학으로서 선생님의 학문적 연구와 활동을 시기별로 정리해보고, 가족법 개정활동하신 내용을 살펴 봄으로써 그 분의 삶을 반추해 보고자 한다.

2 김주수 선생님의 연보

김주수 선생님의 자는 允九, 호는 也松, 제명은 仁壽軒이다.

선생님은 1924년 5월 15일 평안남도 성천군 성천면 용선리(平安南道 成川郡 成川面 龍仙里)에서 태어나셨다.[1] 7세에 고향을 떠나 1946년 6월에 경성사범학교(京城師範學校)를 수료하시고, 그해 9월에 서울대학교 법과대학에 입학하여 예과과정 2년을 마치시고, 1948년에 동 법과대학 법률학과에 진학하셨다.

1학년 재학 중에 폐가 나빠져서 사울대학병원에 6개월여의 장기입원을 하셨는데, 퇴원 후에서 건강이 완전히 회복되지 않아 통원치료를 하셨다. 3학년 재학 중인 1950년에 6.25 전쟁이 발발하여 학업이 중단되었을 뿐만 아니라 다시 폐질환이 악화되어 충청남도 대덕군 진잠면 성북리(忠淸南道 大德郡 鎭岑面 成北里)에서 1년여의 요양생활을 하셨다.

1951년에 복학하여 1953년 3월에 서울대학교 법과대학 법률학과를 졸업하셨다. 당시 국내 유일의 가족법학자이시던 정광현(鄭光鉉) 선생님의 권고로[2] 서울대학교 대학원 법학과 민사법전공에 입학하여 정광현 선생님과 서돈각(徐燉珏) 선생님의 지도로 민법 중 가족법과 상법 중 해상법을 전공하셨다. 1954년 5월에 서돈각 선생님의 추천으로 홍익대학교 법학과 강사, 1955년 3월에 고병국(高秉國) 선생님의 추천으로 경희대학교 법과대학 강사, 그해 3월에 정광현 선생님의 추천으로 건국대학교 법학과의 강사로 각 위촉되셨다. 1956년 3월에 서울대학교 대학원 법학과 민사법전공을 이수하시고 법학석사의 학위를 받으셨으며, 그해 3월 정광현 선생님의 추천으로 서울대학교 법과대학 강사로 위촉되셨다.

선생님은 1956년 12월 24일 오경옥(吳慶玉) 여사와 결혼하여 그 후

슬하에 2남 1녀를 두셨다. 1957년 3월에 경희대학교 법과대학 전임강사로 임명되어 민법강좌를 맡으시게 된 후 1958년 3월에 경희대학교 법과대학교 조교수, 1961년 3월에 동 대학교 부교수, 1965년에 교수로 각각 임명되셨다.

1963년 10월 1일 서울가정법원이 설립되면서 1964년 1월에 서울가정법원 조정위원으로 위촉되신 후 오랜 기간 가사사건의 조정에도 진력을 다하셨다.

1970년 2월에 경희대학교에서 "우리나라 婚姻法 硏究"라는 논문으로 법학박사의 학위를 받으시고, 1971년 11월 11일에 서울제1변호사회에서 수여하는 한국법률문화상(제3회)을 받으셨다.

1975년 2월 경희대학교 법과대학 교수직을 사임하시고, 같은 해 1월에 성균관대학교 법정대학 교수로 임명되셨다.

1976년 9월 사법연수원 강사로 위촉되셨고, 1977년 9월에는 국제가족계획협회의 초청으로 인도네시아의 발리섬에서 개최된 법률위원회 회의에 참석하셨다. 1978년 4월에 중국대만국립정치대학의 초청으로 동 대학 객원교수로 한 학기 동안 사회과학자료센터에서 연구하셨다.[3)]1979년 3월에 미국 캘리포니아 주립대학교(버클리) 동아시아 문제연구소의 초청으로 "한국법률제도와 태도"에 관한 회의에 참석하여 "한국여성의 법적 지위"에 대하여 발표하셨고, 1980년 2월에는 미국 서던 메소디스트대학교(SMU) 법과대학원의 초청으로 동 대학을 방문한 후 미국의 여러 곳과 유럽의 여러 나라 및 태국, 일본 등을 시찰하고 귀국하셨다. 1981년 3월에 법제처 정책자문위원에 위촉되셨다.

1981년 7월에 성균관대학교 정법대학 교수직을 사임하시고, 같은 해 8월에 연세대학교 법과대학 교수로 임명되셨다.[4)] 1981년 8월에 한국가족법학회 초대회장에 추대되셨고, 1985년 3월에 연세대학교 법률문제연구소 소장에 임명되셨다. 1988년 4월에 일본 一校大學 법학부의 초청으로 "한국에 있어서의 일본법의 연구·교육의 현상과 과제"를 발표하셨다.

1989년 3월부터 1991년 2월까지 연세대학교 법과대학 학장으로 재직하고, 1993년에 정년퇴직을 하셨는데, 당시 국민훈장 목련장을 수훈하셨다. 퇴직 후에는 경희대학교 법학대학 객원교수, 연세대학교 법과대학 명예교수로 임명되셨다. 1993년부터 1999년까지 법무부 가족법개정위원회 위원장을 맡으셨고, 그 후에도 활발히 연구, 저술, 강연활동을 하시던 중 2021년 12월 19일 작고하셨다.

3 법학자로서의 활동

선생님은 1924년 평안남도에서 태어나 서울대학교 법과대학을 졸업한 후, 경희대학교에서 법학자로서 본격적인 활동을 시작하셨다. 선생님의 학문적 여정은 가족법 연구를 중심으로 전개되었으며, 1950년대부터 본격적으로 관련 논문과 저서를 발표하기 시작하셨다.

1. 1950년대: 가족법 개혁의 학문적 기반의 정립

1955년 어느 날, 젊은 법학도 김주수의 손에 '대한민국 민법 초안'이 쥐어졌다. 그의 눈길은 친족의 권리·의무와 상속 절차를 규정한 가족법 부분에 멎었습니다. '이게 민주주의 국가의 가족법인가? 일제가 조선 통치를 위해 들여온 식민지 시절의 호주제 그대로가 아닌가?' 그는 눈앞이 캄캄해졌다. "호주제 때문에 남아선호 사상이 더욱 강해지고, 그로 인해 인구 증가가 멈추지 않는다는 인식이 퍼져 나갔다" 고 말했다. "우리는 뒷걸음질을 치고 있었던 겁니다. 헌법이 남녀평등을 규정하고 있는데 당연히 거기에 맞는 가족제도로 나아가야죠. 더욱이 우리 고유의 전통도 아니고 일제 영향을 받은 것으로 돌아가선 안 되죠. 이것을 내 평생 연구 테마로 삼아야겠다, 가족법이 제 모습을 찾도록 해야겠다, 이렇게 결심했습니다."

- 2009. 2. 5. 자 세계일보 인터뷰 중에서 -

선생님은 1955년 "계모자관계 폐지에 관한 시론 – 민법초안 767조를 중심으로 –"(政大新聞 1955.1.30.)라는 글을 시작으로, 경희대학교에 봉직하게 된 1957년 "– 현행법상의 가족제도의 존속가치 – 민법초안의 호주제도에 대한 비판 –"(法曹 6卷 9·10合併號)이라는 글을 통해 일생의 과업이라고 할 수 있는 현대적 가족법 개혁의 필요성을 제기하셨다.[5]

그 후 1958년에는 "새身分法의 基本理念"(法政 13卷 1號), "新民法上의 戶主制度"(新興大學報 1958.2.25.), "法律婚과 事實婚問題"(法律評論 1卷 4·5合併號), "新民法上의 約婚에 관하여"(저스티스 2卷 2號), "新相續法과 憲法理念"(法曹 7卷 6·7合併號), "新民法과 私生子保護問題"(法政 13卷 7號), "新民法과 家長制家族制度"[考試界 1958年 7·8月合併號(通卷19號)], "新親族相續法의 槪觀(1·2),"(法政 13卷 8號, 9·10合併號), "婚姻成立"[考試界 1958年 10月號(通卷21號)] 등 다수의 논문을 발표하셨고, 1959년" 新民法戶主制度"[考試界 1959年 3月號(通卷26號)], "父母의 婚姻同意權"[考試界 1959年 7月號(通卷30號)], "女性의 民法上地位"[考試界 1959年 8月號(通卷32號)] 등의 글을 발표하시면서 여성의 법적 지위에도

깊은 관심을 보이셨다.

또한 1958년 "新婚姻法研究"[6](한국연구총서 1집, 한국연구도서관)라는 단독저서를 출간하는 등 이미 30대 전반에 이미 전통적 가족제도의 존재가치를 비판하는 입장에서 가족법의 이론적 체계를 정립한 단독저서를 집필하셔서 법학자로서의 기반을 다지셨다.

2. 1960~1970년대: 가족법 연구의 심화·확대 – 실증적 연구의 병행

선생님은 1960~70년대에 들어서도 "同姓同本不婚原則－ 新民法 809條1項을 中心으로－"[法政 15卷2號(1960)], "親族法－戶籍制度를 中心으로－"[大學新聞(서울大) 1960.2.22.], "養子法上의 諸問題"[法政 15卷9號(1960)], "親族相續法에 대한 再檢討"[法政 16卷10號(1961)], "戶主의 法律상의 지위"[考試界 1962年1月號(通卷59號)], "戶籍法中改正法律의 解說"[司法行政4卷4號(1963)], "親族編 總則規定에 있어서의 問題點(1·2)"[法曹 13卷12號(1964), 14卷1號(1965)], "戶主와 家族의 身分得失原因에 관한 考察"[慶熙法學 7卷1號(1967)] 등과 같이 기존의 가족법에 대한 이론적 연구를 이어오면서도 한편으로는 "새 家族法의 非民主性과 諸缺陷"(새벽 7卷9號, 1960), "民法의 戶主制度가 廢止되어야 할 理由"(法政 17卷 5號, 1962), "清算해야 할 事大主義의 遺産－同姓同本不婚의 原則－"(女像 1964年 1月號), "同姓同本婚姻禁止規定에 관한 새로운 解釋論"(法典月報 1965年1月號), "戶主制度 이래도 좋은가"(女性中央 1973年 9月號), "同姓同本不婚制度廢止論"(司法行政 1974年4月號) 등 기존 가족법의 비판과 가족법의 현대화를 위한 주장을 이어가셨다.

이렇게 그간의 누적된 연구성과를 토대로 하여 선생님은 1970년 2월에 "우리나라의 혼인법연구"란 논문으로 법학박사학위를 취득하셨을 뿐만 아니라, 친족상속법에 관한 기본서인 "친족상속법 – 가족법 –"(1964, 법문사)[7]을 저술하셨고, 나아가 "비교참조축조 신민법"(1964, 법통사), "주석 친족상속법"(1969, 법문사), "주석민법(하)"(공저)(1972, 한국사법행정학회), "민법개론"(1976, 삼영사), "주석판례가족법"(1978, 삼영사), "신비교혼인법(Ⅸ)"(공저)(영문·일문)(1978, 일본경초서방) 등을 저술하시는 등 이 시기는 가족법학의 이론적 성숙을 위해 모든 심혈을 집중하신 시기라고 할 수 있다.

뿐만 아니라 "家庭生活에 있어서의 女權"(主婦生活 1967年5月號), "財産相續과 女性"(女像 1967年10月號), "婚姻法과 女權"(淑大新報 1971.6.10.), "韓國女性의 法的地位"(새가정 1973年1月號), "現行家族法上의 男女差別"(司法行政 1973年6月), "法부터 男女平等을–家族法改正遠近–"(女性東亞 1973年9月號), "未亡人相續 너무 불리하다"(中央日報 1975.6.17. 3014號) 등 남녀평등과 여권신장에도 힘을 보태는 글을 꾸준히 발표하셨다.

또한 이 시기에 선생님은 가족법 이론에 천착하는 것에서 더 나아가 1963년 가정법원 설립과 때를 같이 하여 가족법학자·법조인·정신과의사 그리고 심리학자 및 가족사회학자 등으로 구성되는 '가족연구회'의 창설에 산파역을 맡으셨고, 동 연구회의 판례연구를 중심으로 하는 월례회와 호적업무실무자들과의 호적법세미나를 장기간 주관하신 바 있다. 이러한 연구회의 활동성과는 초기의 우리나라 가정법원 운영과 그 제도정착에 결정적 기여를 한 것으로 알려져 있다.

이 시기에 戶籍法解說을 1964년부터 1968년까지 司法行政 5卷5號부터 시작하여 1968년 9卷4號까지 혼인신고 등의 호적실무에 관한 해설을 연재하셨을 뿐만 아니라, 戶籍세미나(戶籍實務者와의 討論)를 1963년부터 1968년까지 연재하시고, 이와 같은 호적실무에 관한 연구를 토대로 "개정한글호적실무전서"(공저)(1970, 한국사법행정학회), "최신호적실무전서"(공저)(1976, 한국사법행정학회) 등을 집필하시는 등 가족법실무의 발전에도 큰 관심을 기울이셨다.

게다가 선생님은 기존 가족법의 문제가 곧 국가의 가족정책과 인구정책에까지 잘못된 영향을 미치고 있다고 보아 국가의 가족계획에도 적극적으로 관심을 갖게 되었는데,[8] 대표적인 글로는 "家族計劃과 家族法上의 諸問題 (1), (2), (3)"(家庭의 벗 1973年 2·3·4號), "가족계획사업을 추진하기 위한 가족법개정에 관한 연구"(1974, 가족계획연구원), "法的·制度的觀點에서 본 人口成長抑制의 對策 - 韓國의 人口問題와 對策 -"(1976, 韓國開發硏究院) 등이 있고, 그 외에도 가족법에 대한 선생님의 관심은 가족법을 사회학적 관점에서 재조명하는 데까지 미치게 되어 "가족관계학"(1973, 진명출판사)이라는 저서까지 저술하셨다.

이처럼 선생님의 가족법 연구에 대한 열정과 집념은 그 연구대상을 법학이론에 국한하지 않고, 실무와 가족관계학에까지 그 지평을 확대하신 것이라고 볼 수 있다.

나아가 법학연구방법론에서도 사변적 고찰에서 더 나아가 실증적 연구도 채택하여 가족법학의 외연과 내포를 풍요롭게 하고, 이론적이며 또한 실용적인 학문분야로 정착시키는데 중추적 역할을 하셨다.

이를 반영하고 있는 글로는 "農村家族制度 - 農村實態調査報告 -"[法政 14卷11號(1959)], "農村의 家族과 相續의 實態"[法政 15卷11號(1960)], "相續實態調査記 - 公州郡一帶를 中心으로 -"(新興大學報 1960.9.10.), "農村家族制度實態調査報告"[慶熙法學4卷1號(1962)], "婚姻

에 대한 法意識의 實證的 考察"[法學(서울大)4卷1·2合併號(1962. 12)], "大田市·扶餘郡의 婚姻意識調査"[慶熙法學 5卷1號(1963)], "安東郡 河回洞의 婚姻意識調査"[慶熙法學 6卷1號(1965)], "現行家事調停制度運營의 문제점"(司法行政 1971年7月號) 등이 있다.

3. 1980년대 이후: 재산법 연구로의 확대

1981년 9월 연세대학교로 전직하신 이후 연세의 자유로운 분위기 속에서 민법 중 가족법에 관하여 기존에 집필하신 "주석 친족·상속법(전정판)"(1980, 법문사), "가족관계학(전정판)"(공저)(1982, 학연사), "주석판례가족법추록(1)"(1982, 삼영사) 등을 꾸준히 개정·보완하셨을 뿐만 아니라 가족법 분야에 대한 글을 꾸준히 발표해 오셨는데, "婚外子의 養育者指定請求"[法律新聞 1980.4.14.(1343號)], "養父母가 離婚하면 養母子關係가 消滅하는가"[法律新聞 1980.6.9.(1351號)], "相續回復請求權"(例月報 1981年10月號), "子婦의 再婚과 舊夫家의 相續"(大韓辯協會報 1981年11月號), "親生否認의 訴와 親生子關係不存在確認의 訴와의 관계"(判例月報 1983年11月號), "婚姻의 合意와 無效行爲의 換換"(判例月報 1984年5月號), "認知請求權의 抛棄"(司法行政1984年4月號), "性格差異등과 婚姻을 계속하기 어려운 重大한 事由"[法律新聞 1986.5.5.(1634號)], "有責配偶者의 離婚請求權"(法律新聞 1986.8.25.), "有責配偶者의 離婚請求가 例外的으로 認容된 事例"(判例月報 1987年10月) 등이 있다.

또한 선생님은 종전의 가족법 이외도 재산법에 관하여도 신규로 집필을 계속하셔서 이 시기에 "민법총칙"(1982, 삼영사), "채권총칙"(1984, 삼영사), "채권각론(상)"(1986, 삼영사), "민법총칙(제2판)"(1988, 삼영사) 등을 이어서 집필·출간하셨다.

또한 이 시기에 한국가족법학회의 창립을 주도하였을 뿐만 아니라 본격적인 입법활동에서 참여하시면서 학문적 연구뿐만 아니라 사회적 실천에도 깊이 관여하셨다.

4 가족법 개정 운동[9)]

1. 호주제 폐지 운동

선생님은 1958년에 성립한 가족법(민법 중 친족편과 상속편)에 대해 1957년 논문 "현행 가족제도의 존속가치– 민법초안의 호주제도에 관한 비판 –"을 통해 봉건적 가족제도를 지탱하는 2개의 축인 호주제도와 동성동본불혼의 원칙이 헌법에 규정된 개인의 존엄과 양성평등에 반한다는 것을 지적하고, 이를 폐지할 것을 주장한 이래 이후 지속적으로 호주제 폐지 운동을 주도하셨다.

특히 동성동본불혼의 원칙에 대해서는 1958년에 출판된 "신혼인법연구"에서 동성동본불혼의 원칙이 우리나라의 유구한 전통이 아니라, 조선시대에 "종법제"와 함께 중국에서 도입된 제도에 불과하며, 오늘날에 와서는 혼인의 자유를 극도로 침해할 뿐만 아니라, 양성평등의 원칙에도 어긋난다는 주장을 전개하셨고, 그 후 1969년에 고병국박사 환력기념논문집에 "동성동본불혼의 원칙과 근친혼금지규정에 관한 일 고찰"이라는 논문을 발표하여 동성동본불혼의 부당성을 다시 한번 주장하셨다.

그러나 이러한 주장들은 당시 거의 호응을 얻지 못하고, 오히려 거센 비난에 직면하게 되었으나, 선생님은 이에 굴하지 않고 가족제도를 다루는 방송이나 강연 또는 글을 통해 우리 가족법의 봉건성을 지적하면서 가족제도의 민주화의 필요성을 역설하셨다.

2. 1977년 가족법 개정

그런데 1960년대에 베이비붐이 일어나면서 인구의 폭발적 증가가 경제발전에 위험신호로 작용하자, 정부는 가족계획사업을 적극적으로 펴나갔는데, 1970년대에 접어들면서 어느 정도 효과가 있었지만, 남아선호사상의 덫에 걸려 더 이상 앞으로 나가지는 못하였다.

그때 선생님은 남아선호사상을 약화시키려면 우리의 가부장적 가족법을 개정하지 않으면 안 된다고 적극 주장하셨고,[10] 그때 가족계획사업을 추진하던 대한가족계획협회에 가족계획협회에 가족법개정운동을 성공적으로 추진하기 위해서는 여성단체의 힘을 빌릴 필요가 있다고 권고하셨다. 그 후 이태영 박사 주재하에 1973년 6월 28일에 "범여성가족법개정촉진회"가 결성되어, 가족법학자의 협력을 얻어 가족법 개정안과 이유서가 완성되었는데,[11] 이 안은 이숙종 의원에 의하여 국회에 제출되어, 1976년 12월 5일에 선생님은 법사위 소위원회에서 참고인으로 참석하여 개정의 내용과 그 필요성을 개진하셨다.

이 일로 인해 선생님에 대해 당시 근무하던 성균관대학교 총장실로 찾아가 유교와 어긋나는 주장을 하는 교수를 쫓아내라는 요구가 빗발치자 1977년 3월 본의 아니게 대만으로 잠시 나가 있게 되셨다.

그러나 그해 12월에 혼인에 의한 성년의제(제826조의2), 부부의 귀속불명재산을 부부공유로 추정(제830조 제2항), 처의 상속분을 늘리고(제1009조 제3항), 호적 내의 여자상속인의 상속분을 남자와 균등하게 하고(제1009조 제1항, 제2항), 부모의 친권 공동 행사(제909조 제1항), 유류분제도 신설(제1112조-제1118조) 등 가족법개정안의 일부가 통과되었으나, 여전히 미흡한 미완성의 개정이었다.

3. 1990년 가족법 개정

1981년 9월에 연세대학교로 전직하게 된 후 선생님은 1988년에 김장숙 의원으로부터 부탁을 받아서 1977년에 국회에 제출했다가 통과되지 않은 부분[12]과 그 동안 생각했던 개정안인 "면접교섭권", "기여분", "특별연고자에 대한 분여"규정을 보완해서 가족법개정안을 작성해서 김장숙 의원에게 넘겨주었고, 이 개정안은 1988년 11월 7일 김장숙 의원 외 152인이 발의하여 제13대 국회에 제출되어 이 개정안의 상당 부분이 국회를 통과하였지만, 호주제도는 그 권리의무가 대부분 삭제된 상태로 유지되었고, 동성동본불혼의 규정도 그대로 존속하였다. 그러나 양성평등의 원칙이 상당히 실현된 입법임은 부인할 수 없었다.

당시 개정내용의 특징은 i) 남계혈통중심주의의 시정, ii) 호주역할의 축소, iii) 양성평등의 실현, iv) 강제호주상속의 폐지, v) 새로운 제도로서, 이혼 시의 재산분할청구권, 면접교섭권, 기여분제도, 특별연고자에 대한 분여제도를 채택한 것이다.

4. 2005년 가족법 개정

1993년에 김영삼 정부는 법무부에 법무자문위원회 민법개정특별분과위원회를 구성하였는데, 그 목적은 호주제도와 동성동본불혼의 규정을 폐지하는 것이었다. 당시 위원장을 맡게 된 선생님은 이 기회에 우리 가족법을 완전히 현대적 가족법으로 탈바꿈시키고 싶었으나, 심의에 오랜 세월이 걸려 김대중 정부에 넘어가 개정안이 완성되었는데 당시 박상천 법무부장관이 호주제도의 폐지는 곤란하다고 해서, 아쉽게도 그 부분을 빠지게 되었고, 개정안 중 특히 동성동본불혼에 관한 민법 제809조의 근친혼금지에로의 개정에 대하여 맹렬한 반대가 있었기 때문에, 결국 법제사법위원회의 전체회의에서 1999년 12월 17일 동성동본불혼에 관한 민법 제809조와 이 조문과 관련된 개정안은 채택하지 않는 것으로 함으로써 무산되게 되었다.

그 후 2003년에 참여정부가 들어서고 2004년의 국회의원선거에서 "열린 우리당"이 다수당이 되면서 법무부에 새로이 가족법개정특별분과위원회가 구성되어 호주제도의 폐지를 위한 개정안 작성에 들어가서 이를 완성한 후, 2000년에 국회에 제출되었던 개정안과 합쳐서 제17대 국회에 제출하여 2005년 3월 2일 드디어 본회의를 통과하게 되었다.[13)14)]

이로써 선생님이 '없애야겠다'고 마음먹은 지 꼭 50년 만에 숙원하던 호주제도에 관한 규정과 동성동본불혼 규정을 삭제하는 결실을 맺게 되었다.

5 맺음말: 한국 가족법 현대화의 선구자

선생님의 가족법학은 개인의 존엄과 양성평등을 이념적 기저로 하여 현대적·민주적 가족관계의 정립과 건강하고 행복한 가족질서의 창출·보호를 지향하고, 특히 현대산업사회에서 인간성취와 인격완성의 거점으로서의 가정 건설을 추구하고 있는 것으로 짐작된다.

선생님의 이러한 치열한 학문적 지향이 선생님을 무풍지대인 대학에 안주하지 않고, 사회적·국가적 공감을 환기하기 위해 열성적인 학회활동 및 법률실무가를 비롯한 각계 인물들과의 다각적 교류 그리고 민주적 가족법에로의 개정운동 등으로 나아간 것이라고 생각된다.

이처럼 선생님은 평생을 가족법 연구와 개혁에 헌신하셨으며, 법학자로서의 역할을 넘어 사회적 실천가로서 활동하셨다. 선생님의 연구는 한국 가족법의 근본적 변화에 중대한 기여를 하였으며, 그 업적은 오늘날에도 법학계와 실무에서 중요한 영향을 미치고 있다. 후학인 우리로서는 선생님의 학문적 유산을 계승하고 발전시키며, 앞으로도 한국 가족법의 지속적인 발전을 위해 노력해야 할 것이다.

김주수(金疇洙) 교수 연보(年譜)

연 도	내 용
1924년	평안남도 성천구 성천면 용선리 출생
1946년	경성사범학교 졸업
1953년	서울대학교 법과대학 법률학과 졸업
1956년	서울대학교 대학원 법학과 민사법전공 석사과정 졸업
1957년~1975년	경희대학교 법과대학 전임강사, 조교수, 부교수, 교수
1970년	경희대학교 법과대학 법학박사 학위 취득
1975년~1981년	성균관대학교 법정대학 교수
1981년~1993년	연세대학교 법과대학 교수
1993년~1999년	법무부 가족법개정위원회 위원장 역임
2021년	작고

미주

1) 1928년에 출생한 것으로 알려져 있으나, 也松 金疇洙教授 華甲紀念論文集編纂委員會 編, 現代家族法과 家族政策, 삼영사, 1988, 735-736쪽의 金疇洙 年譜를 따른다.

2) 김주수 선생님의 인터뷰에 의하면, "(정광현)선생님이 '졸업하면 대학원에 진학해 교수가 됐으면 좋겠다'고 하셨죠. 졸업 무렵에 다시 뵈었는데 '내 밑에서 공부하라'고 하시더군요. 전쟁으로 서울대가 부산에 피란해 있던 시절입니다."라고 하셨다. '[이 사람의 삶] 가족법 대가 김주수 前 연세대 교수', 2009. 2. 5. 자 세계일보 기사 참조.

3) 선생님의 인터뷰에 의하면, 당시 선생님이 호주제 폐지를 외치고 동성동본불혼에 반대하자 이때부터 유림들의 '눈엣가시'가 되었다고 한다. 그래서 "75년 성균관대로 옮겼는데 나에 대한 유림의 반발이 극심했습니다. 집으로 전화해 협박하고 '당신은 매국노다', '지구를 떠나라' 등 내용의 편지도 보내오고…. 학교 당국에 '저런 반유림 인사가 어떻게 성대 교수를 하느냐'고 따졌죠. 현승종 당시 총장이 나 때문에 상당히 난처해졌습니다."고 회고하셨다. 1978년에 선생님은 몇 달간 대만 정치대학에 머물렀는데, 이는 "잠시 한국을 떠나 있으라"는 학교 측 권유에 따른 것으로 '유배'나 다름없었다고 합니다. 위 2009. 2. 5. 자 세계일보 기사 참조.

4) 선생님의 인터뷰에 의하면, 성균관대학교에서 연세대학교로 자리를 옮기는 과정에서도 우여곡절이 많았다고 합니다. 즉, 선생님이 대만에서 귀국 후엔 한동안 활동을 자제했다고 합니다. 그런데 신문 인터뷰과정에서 "동성동본불혼 규정은 잘못"이라고 말한 게 그만 화근이 됐고, 또다시 유림이 들고 일어나자 성균관대도 더 이상 선생님을 감싸줄 수 없어 1981년에 쫓기듯 연세대로 자리를 옮겼다고 합니다. 그때 당시 "내가 성대에 사표를 냈다니까 학생들이 흥분해 학교 측에 항의했어요. 이게 몇몇 신문 사회면에 크게 기사화돼서 학교 측이 당황했죠. 그땐 교수가 학교를 옮기려면 이전 대학에서 '전출동의서'를 써줘야 하는데, 성대가 갑자기 사표 수리를 철회한 겁니다. 이미 연대에서 강의를 시작했는데…. 내 사정을 들은 당시 문교부가 '김 교수의 경우엔 전출동의서가 필요없다'고 해 겨우 곤경에서 벗어났다."고 합니다. 위 2009. 2. 5. 자 세계일보 기사 참조.

5) 김주수, "가족법 반세기의 회고와 과제", 家族法硏究 第23卷 1號, 2쪽: "우리 가족법(민법 중 친족편과 상속편)은 다 아는 바와 같이, 1958년에 국회를 통과하여 법률로 제정되었는데, 그 내용은 우리가 민주주의 국가의 법이라고 할 수 없을 정도로 봉건적인 것이었다. 즉, 당시의 우리 가족법은 봉건적 가족제도의 두 개의 큰 버팀 기둥이라고 할 수 있는 가부장제가족제도(호주제도)와 동성동본불혼의 원칙을 규정하고 있었다. 이러한 규정이 헌법에 규정되어 있는 개인의 존엄과 양성평등의 원칙에 반한다는 것은 누가 보아도 명백하다. 그러나 이러한 제도가 우리의 유구한 전통이라는 이름 아래 합리화된 것이다. 정부의 초안이 발표되었을 때, 나는 1957년에 "법조"(법무부 발행) 1957년 9, 10월호에 "현행법상의 가족제도의 존속가치—민법초안의 호주제도에 관한 비판—"이라는 논문을 발표하여, 호주제도는 동서양의 역사적 발전법칙에 비추어 볼 때에 마땅히 사라져야 할 유물이라는 것을 주장함으로써 가족법에 호주제도를 규정하지 말 것을 요구하였다."

6) 김주수, 위의 글, 3쪽: "동성동본불혼의 원칙에 대해서도, 나는 1958년에 출판된 "신혼인법연구"에서 동성동본불혼의 원칙이 우리나라의 유구한 전통이 아니라, 조선시대에 "종법제"와 함께 중국에서 도입된 제도에 불과하며, 오늘날에 와서는 혼인의 자유를 극도로 침해할 뿐만 아니라, 양성평등의 원칙에도 어긋난다는 주장을 전개하였다."

7) 이후 1968년에 "친족상속법(증보판)－가족법－"을 출간한 것을 비롯해 2024년까지(제20판) 선생님의 아들이신 김상용 교수님(중앙대학교 법학전문대학원)과 공저 형태로 출간되고 있다.

8) 김주수, 앞의 글, 4쪽: "1960년대에 베이비붐이 일어나면서 인구가 폭발적 으로 늘어나, 경제적 생산능력이 인구증가를 따라가지 못해 경제발전에 위험신호가 오자, 정부는 가족계획사업을 적극적으로 펴나갔다. 그리하여 그것이 1970년대에 접어들면서 어느 정도 성공을 거두었지만, 남아선호사상의 덫에 걸려 더 이상 앞으로 나가지는 못하였다. 그때 나는 이 기회를 놓치지 않고 남아선호사상을 약화시키려면 우리의 가부장적 가족법을 개정하지 않으면 안 된다고 주장하였다. 그때 가족계획사업을 추진하던 대한가족계획협회로부터 가족법개정의 필요성에 관한 강연을 부탁받은 나는 우리나라 사람에게 뿌리박혀 있는 남아선호사상을 약화시키기 위해서는 가족법의 개정이 선행되어야 한다고 주장하였다. 그 후 나는 가족계획연구원(현 보건사회연구원의 전신)으로부터 용역을 받아 "가족계획사업을 추진하기 위한 가족법개정에 관한 연구"를 진행시켜서(이 연구를 위하여 전국에 걸친 의식조자가 진행되었다), 가족계획사업의 성공을 위

해서는 가족법개정이 꼭 필요하다는 이론적 근거를 제시하였다."

9) 이하의 내용은 김주수, "가족법 반세기의 회고와 과제", 家族法研究 第23卷 1號에 실린 선생님의 글을 주로 참고하였다.

10) 김주수, "인구정책을 위한 사회제도 개선방안," 한국의 인구문제와 정책방향(1983, 한국인구보건연구원), 402쪽 이하 참조.

11) 그 경과에 대해서는 김주수·이희배, "가족법의 입법, 개정경과"(김주수, 한국가족법과 과제, 1994), 918쪽 이하 참조.

12) 김주수, "가족법개정사안"(한국민사법학회편, 민사법개정의견서, 1982년), 109면 이하 참조.

13) 당시 헌법재판소는 이미 2005년 2월 3일에 심판대상인 민법 제778조, 제781조 제1항 본문 후단, 제826조 제3항 본문의 근거가 되는 호주제는 혼인과 가족생활에 있어서의 개인의 존엄과 양성평등을 규정하는 헌법 제36조 제1항에 위반하며, 민법 제778조, 제781조 제1항 본문후단, 제826조 제3항 본문도 각각 위헌이라고 하면서, 이러한 조항은 입법자가 호적법을 개정할 때까지 계속한다는 헌법불합치결정을 선고한 상태였다.

14) 2005년 가족법 개정의 특징으로서는 호주제도와 동성동본불혼의 규정을 폐지한 것, 자녀의 성과 본을 변경할 수 있는 경우를 확장한 것, 모의 친생부인권의 인정, 친양자제도의 신설, 그리고 친권과 이혼 후의 자녀의 양육에 있어서의 국가개입의 확대 등을 들 수 있다.

IX

이화숙(李和淑) 교수

(1946~2022)

치열한 연구자, 믿음의 딸, 정의를 찾는 사람

집필자 박근웅(부산대학교 교수)

IX

이화숙(李和淑) 교수
(1946~2022)

치열한 연구자, 믿음의 딸, 정의를 찾는 사람

집필자 박근웅(부산대학교 교수)

1 들어가는 말

이화숙 교수님께서 하나님 품에 안기신 지 벌써 3년이 되었다. 2022년 9월 7일 수업을 앞두고 교수님의 부음을 들었을 때의 황망함이 아직도 생생하고, 날이 갈수록 기억은 흐려지지만 그리움은 깊어진다. 교수님의 생애와 학문적 업적을 소개해달라는 원고를 의뢰받고, 첫 문장을 쓰기가 무척 어려웠다. 교수님의 생애가 평탄하거나 학문적 업적이 비루하여서 그런 것은 결코 아니다. 교수님께서는 수많은 고난 중에도 감사의 삶을 살아내신 분이셨고, 가족법 학자로서 1980년대 중반부터 학계에 굵직하고도 선구적인 업적을 셀 수 없이 많이 남기셨다. 제자로서 교수님께 받은 사랑도 헤아리기 어렵다. 오히려 그러하기 때문에 이 글의 시작은 다른 어떤 글보다 어려웠다.

교수님을 처음 뵈었던 때는 2004년 8월경이었다. 교수님께서는 당시 연세대학교에 부임하시고 한 학기를 보낸 후였는데, 교수님의 연구조교 자리에 지원하여 면접을 보는 자리였다. 당시에 어려운 가정 형편 탓에 대학원에서 공부하기 위해서는 조교 자리가 꼭 필요했다. 학부 수업 때 뵙지 못했던 교수님이어서 낯설기도 하였고, 조교 자리가 간절했기 때문에 적지 않게 긴장하며 찾아뵈었던 기억이 있다. 면접은 어쩌다 보니 간증의 자리가 되었다. 대학졸업 직전 아버지가 돌아가시고 더불어 가세가 기울어 힘들어하던 20대 청년의 어려움과 아픔을 교수님께서는 알아주셨고, 위로해주셨으며, 더불어 꿈도 제시해주셨다. 스스로 수많은 고난과 어려움을 이겨오셨고, 분명한 사명과 삶의 중심을 가지고 계신 교수님이셨기에 교수님께서 당시 해주셨던 말씀들은 겨울을 뚫고 꽃을 피우는 따듯한 봄볕 같은 힘이 있었다. 그러면서도 "나는 집안이 어렵다고 공부를 소홀히 하는 것은 용납할 수 없어요."라고 단호하게 말씀하시던 교수님 모습이 아직도 선명하고 그립다.

사실 대학원에 입학할 당시에는 재산법을 공부하고 싶었지만, 이후 교수님께 지도를 받고 가족법, 특히 상속법을 전공하기로 마음먹게 되었다. 교수님께서는 1970년대와 1980년대 당시 차별적이고 불합리한 가족법을 공부하고 '비분강개'하여 가족법을 전공하게 되었다고 여러 차례 말씀하셨지만, 나로서는 처음부터 교수님과 같은 뚜렷한 목적을 가졌던 것은 아니었다. 부끄럽지만 단지 교수님과 같은 연구자가, 그리고 교수님과 같은 선생님이 되고 싶었기 때문에 가족법을 전공하였고, 지금은 대학 강단에 설 수 있었다.

이 글은 이화숙 교수님의 생애와 학문적 업적으로 다시 한번 정리하고 글로 남기는 목적을 갖는다. 교수님을 생각하면 너무나 많은 감정과 생각이 떠올라 여전히 어떻게 글로 정리해야 할지 두렵고 막막하다. 그러던 중 교수님의 두 따님이 만들어두신 인터넷 추모공간에 들렀다.[1] 그곳에는 교수님을, "치열한 연구자, 믿음의 딸, 정의를 찾는 사람, 사랑받는 아내이자 엄마"로 표현한다. 나로서는 더 적합한 표현을 찾지는 못할 것 같다. 이하에서는 이를 차용하여 교수님의 생애와 연구업적을 기술하기로 한다. 다만, 교수님께서는 무엇보다 독실한 기독교 신자셨고, 교수님의 모든 열심과 학문적 노력들은 궁극적으로 '사명(使命)'으로 모아질 것이므로, 이를 먼저 언급하는 것을 아마도 허락해주시리라 믿는다.

2 믿음의 딸

이화숙 교수님께서는 본인을 언제나, "본어게인 크리스천(born-again christian)"으로 소개하셨다.

그러나 이러한 교수님의 선언이 쉽게 뱉어진 말은 아니었다. 세 번의 암(癌)수술과 그 외에도 여러 질병으로 수차례 사선(死線)을 넘나들던 경험, 부군(夫君)께서 갑자기 쓰러져 소위 식물인간으로 3년 반을 투병하다 천국으로 환송하는 과정을 통해, 교수님의 선언은 더욱 단단해졌다.[2] 그럼에도 늘 고난은 내게 축복이었다고 고백하였던 크리스천이 바로 이화숙 교수님이셨다. 신약성경 고린도후서 1장 5절에는 "그리스도의 고난이 우리에게 넘친 것 같이 우리가 받는 위로도 그리스도로 말미암아 넘치는도다"라는 말씀이 있는데, 이 말씀을 볼 때마다 교수님이 떠오르곤 한다.

교수님께서 정년을 얼마 남겨두지 않은 58세에 경원대학교(現 가천대학교)에서 연세대학교 직장을 옮기기로 하신 것은 결코 쉽지 않은 결정이었다. 본래 정중하게 제의를 거절하셨던 교수님께서 후에 이를 수락하셨던 것도 하나님의 인도하심이라는 확신을 가지셨기 때문이었다. 실제로 교수님께서는 연구와 강의로 바쁜 중에도 기독학생모임인 '아모스'(법과대학원), '지토'(법과대학), '섬김'(로스쿨) 학생들과 교제하며 기도하시는데 많은 시간과 노력을 기울이셨다. 2019년 처음 부산대 교수로 발령받았을 때, 교수님께서는 선교사로 파송하는 것이라고 당부하셨는데, 그 말씀에 한 글자라도 좇고 있는지 늘 죄송스러운 마음이다.

한편, 솔직히 고백하자면, 교수님은 학생들에게 부드러운 선생님은 아니셨다. 조금이라도 연구를 게을리하거나 발표문이 부족하면 무섭게 혼을 내셨고, 주말이 지나면 따로 연구실로 불러 야단을 치기도 하셨다. 그럼에도 늘 학생들을 진심으로 대해주셨고, 아침마다 학생들의 이름을 기억하며 기도하셨다. 또한, 매 학기 마지막 시간에는 어김없이 학생들을 위해 강의실에서 기도하여 주셨다. 그렇게 무서운 선생님이셨지만, 자살을 준비하던 어떤 학생은 오히려 자살을 시도하기 전 교수님을 기억하고 찾아왔고, 가정 폭력을 당했던 학생은 먼저 교수님 연구실 문을 두드리기도 하였다. 교수님의 엄격함 속에 녹아있는 사랑은 학생들에 의해 그렇게 쉽게 발견되곤 했다. 부산대학교에 근무하면서 때때로 어려운 환경과 형편에 놓인 학생들이 연구실을 방문할 때가 있다. 차마 입이 떨어지지 않는 그때마다, 나를 지긋이 바라보시며 말씀하시던 교수님이 떠오른다. 때로는 엄격하셨지만 언제나 뜨거우셨던, 믿음의 딸 이화숙 교수님이.

3 정의를 찾는 사람

이화숙 교수님 스스로 '비분강개(悲憤慷慨)'형이라고 본인을 소개하시기도 하셨지만, 교수님께서는 누구보다 뜨겁게 나라를 사랑하셨고, 불의한 사회현실을 두고 고민하셨다. 교수님께서는 아침마다 나라를 위해 기도하셨는데, 그러한 기도가 언제부터인가는 대한민국에 '정직'과 '감사'가 뿌리내리게 해달라는 제목으로 구체화되었다.

교수님께서는 섬기시는 교회의 법조선교회를 통해 "정직한 나, 감사하는 우리, 정감 넘치는 사회"라는 슬로건의 '정감운동'을 시작하셨고, 연세대학교에서도 채플시간, 강의시간, 교수님들과의 모임시간, 학생들과의 만남에서 기회가 될 때마다 정감운동을 소개하셨다. 당시 교수님 말씀에 감명을 받은 SFC(Student For Christ) 학생들은 중간시험을 앞두고 컨닝추방운동을 벌이며 정직을 주제로 백양로에 플래카드를 게시하기도 하였다. 이에 대해 교수님께서는 다음과 같이 소회를 밝히시기도 하였다.[3)]

> "중간시험이 끝난 며칠 후, 오랜만에 백양로를 걷다 보니 정직을 주제로 한 플래카드가 백양로를 온통 뒤덮고 있었다. 반항적이거나 운동권 구호거나 취업을 위한 정보가 난무하던 백양로에 하나님의 말씀을 만들어 낸 기독학생들의 열정과 꿈이 펄럭이고 있었다. 깃발을 보며 소리 없는 아우성이라고 노래한 어느 시인의 말처럼, 그 플래카드는 정직을 외치는 소리 없는 함성이었다."

2013년에는 교수님께서 섬기시는 교회에, 담임목사의 논문 표절 사건을 계기로 갱신공동체가 만들어졌다. 교수님께서는 갱신공동체를 주도하셨을 뿐만 아니라, 건강이 좋지 않으셨음에도 소천하시기 전까지, 차가운 교회 앞마당을 지키며 갱신공동체 기도회에 참석하여 교회와 나라를 위해 기도하셨다. 이화숙 교수님께서는 옳다고 생각한 것은 어떤 불이익이 있더라도 실천하셨고, 배우고 가르쳤던 대로 살아내셨다.

그러면서도 정직만 외치는 편향된 스승도 아니셨다. 교수님은 제자들에게 늘 입버릇처럼 "배워서 남에게 주라"고 강권하셨는데, 스스로도 어려운 이웃이나 학생들을 늘 마음에 두셨다. 정년퇴임을 하시면서 어려운 학생들을 위해 장학금으로 2천만 원이라는 거금을 법과대학원에 기부하시기도 하셨는데, 나뿐만 아니라 여러 학생들이 그 혜택을 입어 학업을 이어갈 수 있었다.

4 치열한 연구자

1. 개관

이화숙 교수님은 1970년대 말 30대 중반의 나이로 대학원에 입학하셨다. 1970－80년대 당시, 두 따님을 키우며 10년 가까이 가정주부로 생활하시던 중, 여성으로 대학원에 입학하셨으니 그 어려움은 미루어 짐작할 수 있다. 더군다나 교수님은 30대 중반에 유방암이 발견되어 큰 수술을 받기도 하셨다. 그럼에도 교수님께서는 1983년 2월 "혼외자의 법적지위에 관한 비교법적 고찰"로 법학석사학위를 취득하셨고, 1988년 8월에는 "부부의 재산관계에 관한 비교법적 연구"로 법학박사학위를 취득하셨다.

교수님께서 가족법을 전공하게 된 계기는 스스로도 여러 차례 밝히신 바가 있지만, 가족법의 낙후되고 시대착오적인 규정들에 비분강개하셨기 때문이다. 교수님께서 본격적으로 학계에 연구논문을 발표하기 시작하셨던 1980년대 중반은 호주제도와 동성동본불혼제도라는 가부장적이고 남녀차별적인 규정이 여전히 민법에 남아있던 때였다. 교수님께서는 당시 차별적인 가족법을 시정하기 위하여 의분(義憤)을 가지고 열정적이고 치열하게 연구를 수행하셨다.[4)]

또한 교수님께서는 이와 같은 시대착오적인 제도를 폐기하는 것에 머무르지 않고, 합리적인 대안을 제시할 필요성을 절감하셨다. 교수님의 연구가 주로 비교법적 방법론을 택하였던 이유이다. 지금은 보편적이지만 당시에 비교법적 연구방법론은 가족법에서 흔하지 않았기 때문에 현대의 시점에서 재평가하였을 때 더욱 가치가 높다고 할 수 있다.

교수님께서는 7권의 저서를 포함하여(공저 포함),[5)] 총 71편에 이르는 연구논문과 번역문을 공간하셨다. 또한, 2004년부터 2005년간 2년간은 한국가족법학회 회장을 맡아 학회를 훌륭하게 이끄셨고, 2008년 9월부터 2011년 8월까지 3년간은 국제가족법학회 이사로서 활동하시면서 세계적인 가족법학자들과 활발하게 교류하셨다. 한편, 2004년 6월부터 2006년 2월까지는 법무부 가족법개정위원회 위원으로 활동하시면서 가족법 및 가사소송법의 개정작업에 직접 참여하셨다.

교수님께서는 2011년 여름 정년퇴직을 하시면서 연구실적 중 일부를 책으로 묶어 논문집을 발간하셨는데,[6)] 이하에서는 해당 논문집의 목차를 빌려와 교수님의 연구업적을 소개하고자 한다.

2. 가족 · 사회와 가족법

이화숙 교수님께서는 가족법의 문제가 법학 안에서만 해결되기 어렵다는 문제의식을 가지고, 일찍부터 법사회학, 여성학, 사회복지학 등과의 연계가 중요함을 강조하셨다. 가령, 가족의 소규모화, 인구구조의 변화, 여성의 취업률증가, 이혼율의 증가, 개인주의적 가치관의 발전과 가족관계의 평등화 경향, 가족의 고립화현상, 가정폭력의 증가, 노인가족의 변화 등을 한국가족의 변화모습으로 들고, 이에 대한 가족법의 과제를 제시하셨다.[7] 거시적 측면에서 교수님께서 제시하신 방안은 아동복지법, 노인복지법 등 가족관련법과 가족법의 연계성을 강화하는 것이었다. 해당 연구에서는 몇 가지 미시적 차원에서의 제안도 함께 담고 있다. 예컨대 이혼율의 증가 현상과 관련해서, 교수님께서는 가정법원이 이혼절차에서 친권자결정, 부부간 부양 및 자녀양육비, 부부재산의 청산 등을 일괄하여 처리하도록 하여 자녀의 복리에 공백이 생기지 않도록 할 필요가 있다는 것과 양육비 대지급제도를 도입할 필요가 있다는 것, 협의상 이혼절차와 관련해 일정 기간 유예기간을 두고 그 사이에 부부가 자녀보호방안을 스스로 마련하도록 유도할 것 등을 제안하셨다.[8] 놀랍게도 이와 같은 내용들은 이후 10년 이상 지나 「민법」과 「양육비 이행확보 및 지원에 관한 법률」개정을 통해 그대로 수용되었다.[9]

호주제도와 동성동본불혼제도는 앞서 언급한 것처럼 교수님께서 가족법을 연구하게 된 직접적 계기가 되었다고 할 수 있다. 교수님께서는 박사과정 재학 중이던 1985년 호주제도 폐지에 관한 글을 이미 발표하셨는데,[10] 이후로도 이와 같은 제도들에 대한 비판을 멈추지 않으셨다.[11] 특히 호주제를 비롯한 가부장적 가족제도는 권위주의적 사고와 호주를 따르는 여성지위의 열등화를 동시에 상징한다고 지적하였다. 이와 같은 상징성이 남아선호, 여아경시, 부가우대(夫家優待) 등의 원인이 된다는 것이다. 한편 호주제나 동성동본불혼제가 폐지될 경우 미풍양속이 무너진다는 우려가 있으나 교수님께서도 언급하신 것처럼 이는 기우에 불과한 것이다. 교수님께서는 "가족법의 기능을 과대평가하여 윤리나 도덕이나 예의범절 기능까지 수행하라고 요구하거나 윤리나 도덕질서를 특정계층(여성)에 대한 억압을 통해 이루고자 하는 시도는 중지되어야 한다."고 명언(明言)하셨다. 결론적으로 교수님께서는 호주제도가 헌법이 보장하는 평등원칙에 반하고, 남성우월과 여성경시를 상징한다는 점에서 여성에 대한 차별이며, 세법·사회복지관련법·국제사법에도 그 폐단이 미친다고 지적한다. 또한, 호주제도는 남성중심적 사고를 유도하며, 남자어른에게도 호주의 지위에 걸맞은 기대가 주어지므로 억압으로 작동하며, 사회구성원의 의식을 종적이며 권위주의적으로 형성해 온 원인이 되었음을 언급하며 이를 직접적으로 비판하였다.[12)13)]

3. 혼인 및 이혼법

이화숙 교수님께서는 특히 부부재산관계에 관해 폭넓고 깊이 있는 연구를 수행하셨다. 부부재산관계는 혼인 중에는 공동생활 비용의 부담, 부양의무, 일상가사대리권, 부부재산제도가 문제되며, 혼인 해소 시에는 재산의 분배와 상속 등이 문제된다.

교수님은 박사논문인 "부부의 재산관계에 관한 비교법적 연구"(연세대학교, 1988)와 그 이후 공간한 여러 편의 논문을 정리하여 2000년 11월 세창출판사에서 「비교 부부재산관계법」을 출간하셨다. 이 책의 머리말을 통해 책의 출간동기 및 법률 개정과 가족법에 대한 교수님의 생각을 엿볼 수 있다. 그것은 서구 학자들과 입법자들의 가족법 개정에 대한

진지하고 신중한 자세와 그 안에 내포된 인간에 대한 따스한 사랑과 배려를 전하고 싶다는 것이다.[14)]

이 책은 총 7장으로 구성되어 있다. 제1장은 비교법적 고찰의 중요성 등을 다루는 서론에 해당한다. 제1장에서는 먼저 비교법적 방법론의 당위성을 제시하고, 다음으로 그 발전과정을 정리한다. 교수님께서는 부부재산제를 공동재산제와 별산제, 부가이익공동제 등으로 분류하여 설명하셨다.

제2장은 부부재산관계법의 변천과정을 연혁적으로 소개한 부분이고, 제3장부터 제4장까지 부부재산관계에 대한 본격적인 비교법 방법론에 따른 연구 성과가 담겨있다. 특히 이 책은 주제를 중심으로 횡적으로 각 국의 입법례를 비교하는 방법론을 취하였다. 먼저 제3장에는 혼인 중 부부재산관계에 대한 내용을 담았다. 제1절에는 이 책을 발간할 당시 공동재산제를 취하는 프랑스와 미국의 8개 주, 별산제를 취하는 영국과 미국의 42개 주, 절충적인 유예공동제를 취하는 독일, 스칸디나비아 제국, 스위스의 입법례를 소개하였고, 제2절에서는 부부재산제의 이상이 개인의 자유, 평등한 권리 및 혼인공동체의 개념을 적절히 조화하는 것임을 전제로 각국의 제도는 전통적인 분류와 무관하게 점차 닮아가는 방향으로 개선되어 왔음을 밝힌다. 나아가 혼인 중에는 부부의 독립성이 보장되는 별산제가 바람직하지만, 혼인해소 시에는 부부의 재산형성에 대한 협력을 같은 가치로 파악하는 공동재산제가 이상적이므로, 독일의 부가이익공동제가 이상적 제도로 일컬어진다는 점을 제시하고, 그럼에도 스칸디나비아나 독일의 일부에서 별산의 개념을 보장하거나 별산제에 가까운 제로를 선호하도록 하는 움직임이 있다는 점, 다만 이러한 움직임은 부부의 경제적 평등을 전제로 비로소 이상적일 수 있으

므로 현재로서는 혼인 중에는 부부의 독립성이 보장되는 별산제를 원칙으로 하되, 일정한 경우 처분권을 제한하고, 혼인종료 시 공동체와 같이 분배함으로써 부부의 활동을 같은 가치로 평가하여 분할하는 혼합재산제가 가장 이상적이라고 결론 내리고 있다.

책의 제4장은 혼인해소 시 재산관계를 비교법적으로 소개·분석한다. 이 중 제1절은 이혼 시 재산관계에 대한 내용인데, 특히 독일의 부가이익청산 방식은 이혼, 별거 및 혼인무효의 경우 등에 적용되는 방식으로, 각 배우자가 혼인계약 당시 가지고 있었던 당초재산과 혼인종료 시 가진 종말재산을 환산하여 그 차액인 부가이익을 서로 비교하여 상대적으로 적은 이익을 얻은 배우자가 많은 이익을 얻은 배우자에게 부가이익 증가분의 차액의 2분의 1만큼 청구할 수 있도록 하는 방식으로, 많은 시사점을 제공한다.[15] 파탄주의 이혼법에 남아있는 유책적 요소에 대한 미국에서의 찬반론을 소개한 부분도 학술적 가치가 큰 부분이다.[16]

한편 제2절은 배우자 사망으로 인한 혼인해소 시 재산관계를 비교법적으로 분석하고 있다. 해당 내용은 부부와 자녀들로 구성된 혼인가족 외 가족구성원 사이 유대가 축소되어 가는 현재 사회의 특성과 맞물려 생존배우자의 상속상 지위 향상이라는 현대 가족법의 주요 담론에 연결되어 중요한 시사점을 부여한다.

제5장은 부부재산제와 가사노동에 대한 경제적 가치 평가의 내용을 담았다. 각국의 법제를 비교연구하여 가사노동에 대한 가치평가에의 이론적 기초를 마련하려 한 것이다. 교수님은 기업이 생산활동과 효율적 관리라는 두 가지 중요한 기둥을 통해 운영되는 것처럼 남편의 소득활동은 기업의 생산적 요소에, 아내의 가사관리는 기업의 경영에 비유할 수 있고, 영국 법원이 부부재산관계를 합작기업(joint enterprise)으로 이해하

는 것처럼 부부재산관계는 일종의 합작기업이므로 이를 통해 가사노동의 경제적 가치를 평가할 수 있다고 결론 내리신다. 더불어 외국 입법례의 비교분석을 통해 별산제는 가사노동에 종사한 여성들에게 지극히 불평등한 제도로 지적되어 왔으나, 이제 별산제 국가에서도 혼인해소 시 공동제와 유사하게 가사노동을 평가하는 경향이 있음도 소개하셨다.

제6장은 한국 부부재산관계법의 연혁을 다루고, 이어서 제7장은 민법상 부부재산관계법을 검토한다. 특히 별산제를 규정한 「민법」 제830조와 관련하여 이혼 시 재산분할청구에 가사노동의 경제적 가치가 평가된다면 특정재산권의 형성에 있어 가사노동을 통한 기여 역시 기여로서 평가되어야 한다고 주장한다.[17] 그렇다고 공동재산제를 채택하게 되면 채무도 당연히 공유되어 가족생활의 안정이 저해되고 공동재산의 관리가 용이하지 않으므로, 혼인 중에는 별산제를 기반으로 하되 명의 없는 배우자를 보호하기 위한 안전장치를 둘 것을 입법적으로 제안하고 있다. 가령 독일 민법과 같이 이혼 시 부가이익을 분배할 가능성을 보장하기 위해 전체재산의 처분과 혼인가사용구 처분 시 배우자의 동의를 얻도록 하는 방안 등이 그에 해당한다. 교수님께서는 한쪽 배우자가 중요한 재산을 처분할 때는 다른 쪽 배우자의 동의를 얻도록 하면 별산제의 결함이 보완될 수 있다고 제안하신다.[18] 제3절에서 이혼 후 부양료청구권을 신설하자는 교수님의 제안도 중요한 시사점이 있다.[19] 교수님께서는 전 배우자 간의 생활의 균형과 실질적 형평을 기할 수 있고, 경솔한 이혼을 제어하는 장치로서 기능할 수 있으며, 경제적 약자인 이혼여성과 자녀의 지위가 안정될 수 있음을 근거로 드신다. 그 외에도 교수님께서 입법론으로 별거 제도 도입을 제안하신 부분도 의미가 크다.[20] 이어서 제4절은 생존배우자의 상속분에 대해 논하는데, 이 문제

는 현재까지 가족법학계에서 중요한 이슈로 논의된다. 교수님께서는 제6절 입법론을 통해, 부가이익공동제로의 개정을 제안하고, 이혼 후 부양료지급청구권을 신설할 것을 제안하신다.

한편, 교수님께서 제안하신 것과 유사하게 부부재산의 처분제한에 대한 법무부 민법개정안이 제시된 바가 있었는데, 아쉽게도 2007년 국회에서 통과되지 못하였다.[21][22]

4. 친자관계와 친권 및 부양

이화숙 교수님께서는 1986년부터 1987년까지 사법행정 잡지에 "子의 최대의 이익과 현행친권제도"에 대한 글을 통해 독일의 친권법 규정을 중심으로 프랑스, 영미 및 일본의 친권법을 살펴본 후, 우리 민법상 친권법의 낙후성을 지적하고 개정 필요성을 주장하셨다. 그 내용은 이혼 후 친권자 결정에서 모(母)를 일방적으로 배제하는 것이나 혼인 외의 자녀를 생모가 양육하더라도 부가에 입적된 혼인 외의 자녀에 대해서는 생모가 친권자가 될 수 없도록 하는 것은 자녀의 복리에 반할 수 있다는 것이다. 또한, 과거 민법은 부모가 공동으로 친권을 행사하도록 하고 부모의 의견이 일치하지 않는 경우 부(父)의 의견을 따르도록 하는데, 이 또한 바람직하지 않다고 지적하셨다.[23]

이후 1990. 1. 13. 법률 제4199호로 개정되어 1991. 1. 1.부터 시행된 개정민법은 제909조 제2항에서 친권행사에서 부모의 의견이 일치하지 않는 경우 당사자 청구에 의해 가정법원이 이를 정하도록 하고, 같은 조 제4항은 혼인 외의 자녀가 인지된 경우와 부모가 이혼한 경우 부모의 협의로 친권을 행사할 자를 정하고, 협의할 수 없거나 협의가 이루어지지 않는 경우에 당사자 청구에 의해 가정법원이 이를 정하도록 하여 이를 개선하였다.

한편, 교수님께서는 2009년 한 연구를 통해 민법 제924조의 친권상실선고의 요건으로 자녀의 복리를 규정하지 않은 점은 타당하지 않으므로 이를 적극적 기준으로 추가해야 하며, 부 또는 모의 현저한 비행을 친권상실요건으로 둔 것은 적절하지 않다고 주장하셨다. 덧붙여 가사소송법에 자녀의 의견을 청취하도록 하는 규정을 두어야 하며, 부모가 모두 친권상실선고를 받거나 단독 친권자인 부 또는 모가 친권상실선고를 받은 경우 후견인을 법정하는 것은 타당하지 않다고 하였다.[24)]

2014. 10. 15. 법률 제12777호로 개정되어 2015. 10. 16. 시행된 개정민법은 친권의 일시 정지와 일부 제한 등을 도입하면서, 아울러 친권상실의 요건으로 "자녀의 복리를 현저히 해치거나 해칠 우려가 있는 경우"를 추가하였고, 더불어 "부 또는 모의 현저한 비행"은 그 사유에서 제외하였다. 그리고 2011. 3. 7. 법률 제10429호로 개정되어 2013. 7. 1.부터 시행된 개정민법은 후견인 법정제도를 폐지한 바 있다.

또한, 2005년 개정민법은 제912조에 "친권을 행사함에 있어서는 자녀의 복리를 우선적으로 고려하여야 한다"고 선언하는 조문을 두고, 동시에 부모의 이혼 후 부모의 이혼 양육에 관한 사항의 합의(민법 제837조)나 친권자 결정(민법 제909조 제4항)에서 가정법원의 직권개입을 강화함으로써 '양육자와 친권자'의 공백이 발생할 위험을 막을 수 있게 되었다. 그러나 교수님께서는 자녀의 복리는 친권행사에만 필요한 것이 아니고 이혼 후 친권자결정에 더욱 중요한 것임에도 이러한 내용이 누락되었다는 점을 가족법개정위원회에서 강하게 주장하셨고, 2011. 5. 19. 법률 제10645호로 개정되어 2013. 7. 1.부터 시행된 개정민법에 같은 내용을 두게 되었다.[25)][26)]

5. 상속법

이화숙 교수님께서는 상속법과 관련해서도 많은 연구성과를 남기셨다. 우선, 상속회복청구권 행사기간의 법적 성질과 관련해, 이를 제척기간으로 보는 대법원 판례를 비판하시고, 이를 소멸시효로 보되 소위 상대적 소멸설에 따라 이해할 것을 주장하셨다.[27] 무엇보다 상속회복청구권제도를 참칭상속인 보호에 기여하는 반윤리적 제도로 전락시킨다는 점이 비판의 주된 취지였다. 상속회복청구권의 법적 성질과 관련해서는 이를 독립권리설의 입장에서 이해하되, 물권적 청구권과의 경합은 부정해야 한다는 입장을 피력하셨다.[28] 본디 상속회복청구권은 개별적 청구권과는 그 발생근거와 입법취지 및 청구의 목적 등에 있어 본질적으로 다른 특별한 청구권이지만, 외국의 입법례와 우리 민법은 서로 다른 법제도와 문화를 바탕으로 하고 있는 점, 독일민법과 같이 제3자 보호장치가 없는 민법의 현실에서 소멸시효에 걸리지 않는 물권적 청구권을 인정하는 것은 거래 안전을 초세대적으로 희생하는 결과가 된다는 점, 소유권에 기한 물권적 청구권도 어떤 경우에도, 언제까지나, 그 행사가 보장된 절대적 권리는 아니며 예외적으로 제한이 있을 수 있다는 점 등을 그 근거로 제시하셨다. 나아가 입법론으로 등기의 공신력이 인정되지 않는 한 상속회복청구권의 행사기간을 소멸시효로 규정하고 이를 현행보다 장기로 하며, 참칭상속인의 범위를 제한하는 방향으로 개정하는 것이 현실적이며, 장기적으로는 등기의 공신력을 인정하는 구조로 전환할 필요가 있다고 주장하셨다.[29]

대법원 2003. 7. 24. 선고 2001다48781 전원합의체 판결을 평석한 연구도 그 학술적 가치가 높다.[30] 해당 판결은 제정민법이 시행되기 전 존재하던 '상속회복청구권은 상속이 개시된 날부터 20년이 경과하면 소멸한다.'는 관습은 헌법을 최상위 규범으로 하는 법질서 전체의 이념에 부합하지 아니하여 정당성이 없으므로, 법적 규범인 관습법으로서의 효력을 인정할 수 없다는 취지였다. 우선 제정민법 시행 전 관습이 적용된다는 점을 확정하기 위해, 민법 부칙조항의 함의와 위헌결정의 효력에 대해 검토하시고, 대법원 판결을 비판적으로 분석하셨다. 특히 민법 개정과정에서 빈번하게 사용되는 '효력의 불소급' 방식의 부칙조항에 대한 문제제기는 흔치 않은 것이었다.

한편, "상속의 승인과 포기에 대한 입법론적 연구"를 통해 교수님께서는 상속포기나 한정승인의 단기 고려기간에 대한 입법론적 대안을 모색하기도 하셨다. 먼저, 영미의 인격대표자 제도는 법률관계의 간명한 처리가 장점이나 비용과 시간의 문제를 극복하기는 어렵다고 결론내리고, 독일민법과 같이 고려기간이 경과되면 승인한 것으로 간주되지만 상속을 승인한 후에도 책임한정을 할 수 있는 기회를 부여하는 방안(상속재산관리명령이나 상속재산지급불능절차를 통해 상속인의 책임을 한정시킴)이나 프랑스 민법과 같이 상속개시 후 3월의 유예기간에 상속재산목록을 작성하도록 하고 그로부터 일정기간(40일) 내에 상속의 승인이나 포기를 결정할 수 있도록 하는 방안은 절차가 번거롭거나 상속으로 인한 분쟁을 조속하게 해결하고자 하는 우리 법문화에서 채택하기 어렵다고 평가하신다. 결국 민법 제1019조 제1항의 고려기간이 경과되면 한정승인한 것으로 보는 방안이 가장 바람직하다고 제언하신다. 덧붙여 한정승인제도는 상속재산의 범위에서 유한책임을 부담하므로 상속채무에 대한 채권과 채무의 변제에 있어 상속인, 상속채권자 및 상속인의 채권자 간의 갈등을 형평하게 해결할 수 있는 합리적 제도라고 평가하신다.[31][32]

5 나가는 말

서두에 언급한 것처럼, 필자가 교수와 연구자의 길에 서기로 결심한 것은 이화숙 교수님과의 만남이 결정적이었다. 교수님을 처음 만나뵈었을 때, 벅차고 심장이 두근대던 감정을 아직 잊을 수 없다. 교수님과 같이 되고 싶어 교단에 섰지만, 아직도 교수님을 생각하면 스스로가 한없이 부끄럽다. 이화숙 교수님은 제자들에게 참 좋은 스승이셨고, 하나님께서 허락하신 큰 선물이셨다. 엄하셨지만 그 속에 담긴 사랑을 감추지 못하신 분, 필자를 포함한 제자들은 교수님을 진심으로 존경하고, 사랑했다.

교수님께서는 한 글을 통해 정년퇴임이 감사한 이유 열 가지를 드시면서, 마지막으로 연세대 법학전문대학원서 만난 많은 훌륭한 동료들에게 감사하다는 말씀을 남기신 적이 있다.[33] 그런데 필자의 박사지도 교수이시고 이화숙 교수님의 동료이기도 하셨던 박동진 교수님은 요즘도 종종 필자를 만나면, 감사하게도 교수님 말씀을 꺼내시며, 격려하시고 교수님과 같이 원칙을 지킬 것을 당부하시곤 한다. 이화숙 교수님은 동료들로부터 존경과 사랑을 받는 분이었음을 여전히 느낀다.

치열한 연구자, 믿음의 딸, 정의를 찾는 사람, 그리고 덧붙여 '사랑받는 스승이자 동료'로 우리는 교수님을 기억한다.

이화숙(李和淑) 교수 연보(年譜)

연 도	내 용
1946년	경기도 강화 출생
1965년	성신여자고등학교 졸업
1969년	연세대학교 법과대학 법학과 졸업
1983년	연세대학교 대학원 법학과 졸업(석사학위)
1988년	연세대학교 대학원 법학과 졸업(박사학위)
1992년~2004년	경원대학교(現 가천대학교) 교수
2002년~2003년	Visiting Scholar, 미국 Virginia University College of Law
2002년~2005년	한국법학교수회 부회장
2004년~2005년	한국가족법학회 회장
2004년~2011년	연세대학교 법학전문대학원 교수
2004년~2006년	법무부 가족법개정위원회 위원
2007년~2011년	한국민사법학회 부회장
2008년	변호사법 제정 특별분과위원회 위원장
2008년~2011년	Executive Member of International Society of Family Law
2022년	작고

미주

1) https://jimink9.wixsite.com/my-site-3 (최종방문 : 2025. 2. 28.)

2) 이화숙, 고난을 축복으로 인도하신 하나님 - 나는 왜 크리스천이 되었는가? -, 고난은 내게 축복이었다, ㈜대성 korea. com., 2011, 30-34면.

3) 이화숙, 네 이웃의 답을 탐하지 말라, 고난은 내게 축복이었다, ㈜대성 korea. com., 2011, 99면.

4) 가족간의 평등과 책임과 배려가 있는 가족법 - 이화숙 교수와의 대담, 법학연구 제24권 제1호, 연세대학교 법학연구원, 2014, 391면.

5) 이화숙, 「비교 부부재산관계법」, 세창출판사, 2000(이하 '비교 부부재산관계법'이라 한다); 「주석상속법」(上, 下)/대표집필 김주수, 한국사법행정학회, 1996; 「한국법의 이해」/대표집필 서원우, 1996; 노년 가족법(연구보고서), 한국법제원, 2003; 이화숙, 「2005년 개정 가족법 해설 및 평가」, 세창출판사, 2005; 「가족법 판례해설」/대표집필 이화숙, 세창출판사, 2009; 「로스쿨 가족법」/대표집필 이화숙, 세창출판사, 2010.

6) 이화숙, 가족, 사회와 가족법, 세창출판사, 2012.

7) 이화숙, 가족의 변화와 가족법의 과제, 가족법연구 제8호, 한국가족법학회, 1994, 58면 이하.

8) 위의 글, 65-68면.

9) 2005. 3. 31 법률 제7427호로 개정되어 같은 날 시행된 개정민법은 재판상 이혼 등의 경우 법원이 직권으로 친권자를 정하도록 하였고, 2007. 12. 21. 법률 제8720호로 개정되어 같은 날 시행된 개정민법은 이혼숙려제도 및 협의이혼 시 자녀 양육사항 및 친권자 지정 합의를 의무화하였다. 한편 2024. 10. 16. 법률 제20463호로 개정되어 2025. 7. 1. 시행예정인 양육비 이행확보 및 지원에 관한 법률은 양육비이행관리원에 의한 양육비 선지급 제도를 도입하는 내용이다.

10) 이화숙, 호주제도의 연혁과 폐지론의 근거, 연세법학 제7집, 연세대학교 법과대학, 1985.

11) 이화숙, 동성동본불혼제에 대한 헌법불합치결정을 환영하여, 법과 사회 제15호, 법과 사회이론 연구회, 1997; 이화숙, 한국민법상 호주제도의 성립배경과 한국사회에 미친 영향, 아세아문화연구 제2집, 경원대학교 아시아 문화연구소,

1997; 이화숙, 호주제도가 권위주의적인 국민의식과 남녀차별법에 미친 영향, 연세법학 제10집 제2권, 연세법학회, 2004 등.

12) 이화숙, 호주제도가 권위주의적인 국민의식과 남녀차별법에 미친 영향, 연세법학 제10집 제2권, 연세법학회, 2004, 28–31면.

13) 이외에도 교수님께서 '가족·사회와 가족법'과 관련하여 남기신 업적에는 다음과 같은 것들이 있다. 사회참여적 측면에서 본 노인복지, 민법연구(학술진흥재단 공모과제), 1991; 연금과 노인복지, 민법연구(학술진흥재단 공모과제), 1991; 국민의 법의식과 가족법개정, 법과 사회 제5호, 법과 사회이론 연구회, 1991; 한국가족의 변화와 가족법, 가족법학논총, 박병호 교수 화갑기념 논문집, 1991; 세계가족법의 오늘과 내일, 사법의 제문제, 김홍규 박사 화갑기념논문집, 1992; 가정폭력에 대한 영국 가족법상의 보호조치, 법학논총 제3호, 경원대학교 법학연구소, 1996; 한국가족의 변화와 가족법의 과제, 가족법연구 제8호, 한국가족법학회, 1994; 한국여성의 신분관련법상의 지위, 한국법학 50년 - 과거·현재·미래, 제1회 한국법학자대회논문집, 한국법학교수회, 1998; 종중의 여성문제, 사회과학연구 제8집, 경원대학교 사회과학연구소, 2001; 헌법적 정당성에 비추어 본 가족법, 헌법의 규범력과 법질서, 허영 박사 정년기념논문집, 2002; 1996년도 친족상속법관련판례평석, 오늘의 법률, 1997/9; 피해자보호측면에서 본 가정폭력관련법의 문제점과 개선방안, 사회과학연구 제6집, 경원대학교 사회과학연구소, 1999; 미국 가족법의 최근 동향, 비교사법 제11권 1호, 한국비교사법학회, 2004 등.

14) 이 책의 머리말 표현을 그대로 인용하면 다음과 같다. "이 책을 쓰는 동안 영국과 스웨덴, 스위스 및 노르웨이 법이 개정되었고, 우리 민법에도 재산분할청구권이 신설되는 등의 변화가 있었다. 외국의 개정법에 관한 자료를 입수하여 개정경위와 그 내용을 파악하는 동안 가족법 개정에 그토록 신중하고 진지한 선진국 학자들과 입법자들의 자세, 그리고 그들의 인간에 대한 따스한 사랑과 배려에 깊은 감동을 느끼는 한편, 우리 민법의 졸속성과 우리 사회의 가족문제에 대한 총체적인 무관심에 높은 벽과 깊은 절망을 맛보기도 하였다. 선진국의 가족법 개정에 대한 진지하고 신중한 자세와 그 안에 내포된 따스한 인간애를 전하고 싶은 바람도 출판을 결심한 또 하나의 동기이다."

15) 비교 부부재산관계법, 224–228면.

16) 비교 부부재산관계법, 233–236면.

17) 비교 부부재산관계법, 318–320면.

18) 비교 부부재산관계법, 324－327면.

19) 비교 부부재산관계법, 361－362면.

20) 비교 부부재산관계법, 362면.

21) 자세한 내용은 이화숙, 부부재산제의 이상에 비추어 본 입법론과 개정안, 인권과정의 제381호, 대한변호사협회, 2008, 78면 이하 참조.

22) 혼인 및 이혼법에 대한 교수님의 연구업적은 이외에도 다음과 같다. 부부재산제와 처의 가사노동에 대한 경제적 평가, 현대가족법과 가족정책, 金疇洙 교수화갑기념논문집, 1988; 이혼법혁명과 평등의 환상(L.J.Weitzman, "The Divorce Law Revolution and The Illusion of Equality: A View From the United States"), 연세법학연구 창간호, 1990; 개정가족법에 신설된 재산분할청구권, 여성연구 제8권 1호, 여성개발원, 1990/봄; 부부계약취소권, 한국민사법학의 현대적 과제, 배경숙 교수 화갑기념논문집, 1991; 부부재산제와 혼인해소시의 경제적 효과, 「가족법연구」 제5호, 한국가족법학회, 1991; 혼인해소시의 경제적 효과, 「사회과학연구」 제1집, 경원대학교 사회과학연구소, 1992; 이혼원인에 있어 유책주의와 파탄주의, 「법학논총」 제2호, 경원대학교 법학연구소, 1995; Marriage and Divorce Regulation in Korea, Family Law Quarterly, American Bar Association, Fall/1995; 간통죄 고소배우자의 이혼취하와 유책배우자의 이혼청구, 「가족법연구」 제9호, 한국가족법학회, 1995; 부부별산제와 일상가사대리권 그리고 표현대리와의 긴장관계, 「민사법학」 제13호, 한국민사법학회, 1996; 이혼후의 경제에 관한 영국의 법과 실제, 「가족법연구」 제10호, 한국가족법학회, 1996; 미국의 파탄주의 이혼법에 남아 있는 유책주의적 요소에 대한 찬반론, 「법학논총」 제5호, 경원대학교 사회과학연구소 법학연구부, 1998; 한국여성의 신분관련법상의 지위, 「한국법학 50년 —과거 · 현재 · 미래」, 제1회 한국법학자대회논문집, 한국법학교수회, 1998; 혼인 해소시 재산분할에 대한 민법과 세법의 평가, 「가족법연구」 제12호, 한국가족법학회, 1998; 영국의 별거제도에 관한 입법론적 연구, 「가족법연구」 제13호, 한국가족법학회, 1999; 1996년 영국의 가족법개정, 「법학논총」 제6호, 경원대학교 사회과학연구소 법학연구부, 1999; 소위 황혼이혼과 재판상 이혼원인, 그리고 별산제의 한계, 「연세법학연구」 제7집 1권, 연세법학연구회, 2000; 형평과 복리의 관점에서 본 이혼의 효과에 관한 연구, 「아세아여성법학」 제4호, 2001; 민법상 혼인의 효과의 개정방향, 「가족법연구」 제15권 1호, 한국가족법학회, 2001; Parent's divorce and their duty to support the expense of bringing up their child, Asian Women, Research Institute of Asian

Women, vol.13, 2001; 영국의 이혼법 개정과 민법 제840조의 해석론·입법론, 「판례실무연구」(V), 비교법실무연구회, 2001/12; 부부재산제의 개정 제안, 2002-2 한국가정법률상담소 심포지엄논문집, 한국가정법률상담소, 2002; 미국 가족법의 최근 동향, 「비교사법」 제11권 1호, 한국비교사법학회, 2004; 1996년 영국의 개정 이혼법의 폐기와 프랑스의 이혼법 개정이 주는 시사점, 「비교사법」 제12권 4호(통권 31호), 한국비교사법학회, 2005; Children-Centered Divorce Ground, 「법학연구」 제15권 3호(통권 27호), 연세대학교 법학연구소, 2005; 가족법상의 법률행위에 있어 의사와 신고, 「민사법학」 36호(특별호), 한국민사법학회, 2007; 개정 가족법안에 관한 연구, 「법학연구」 16권 4호, 연세대학교 법학연구소, 2006; 이혼법의 변동요인과 개정방향, 「법학연구」 제17권 3호, 연세대학교 법학연구소, 2007; 별거제도에 관한 입법론적 연구, 「법조」, 2008/3; 부부재산제의 이상에 비추어 본 입법론과 개정안, 「인권과 정의」 361호, 2008/5; Matrimonial Property System of Past, Present and Future in Korea: focused on the Role of Tradition and Culture in Family Law Reform, Journal of Korean Law, Seoul National University, 2008/12; 파탄주의 이혼법이 여성(처)의 사회경제적 지위에 미친 영향, 「젠더법학」, 한국젠더법학회, 2010/3 등.

23) 이화숙, 子의 최대의 이익과 현행친권제도(下), 사법행정 제28권 제1호, 한국사법행정학회, 1987, 21-24면.

24) 이화숙, "자녀의 최선의 이익"원칙에 비추어 본 가족법상 자녀의 복리, 사법 제10권 제1호, 사법발전재단, 2009, 14-16면.

25) 가족간의 평등과 책임과 배려가 있는 가족법(주 4), 389면 참조.

26) 이 외에도 친자관계와 친권 및 부양에 관한 교수님의 연구업적에는 다음과 같은 것들이 있다. The Best Interest of the Child in determining Parental Authority and Custody, 7th World Conference of the International Society of Family Law, 1991; 친생자추정과 친생부인의 소, 「사법행정」, 1992/4; 아동의 권리와 법적·사회적 보호의 실현, 「현대민법의 과제와 전망」, 한봉희 교수 화갑기념논문집, 1994; 부모의 양육비지급책임, 「사법행정」, 1994.8; 태아의 법률상의 지위, 「채권법에 있어서의 자유와 책임」, 김형배 교수 화갑기념논문집, 1994; 현행 친권법상 자녀의 이익과 부모의 책임, 「정신건강연구」 제15집, 한양대학교 정신건강연구소, 1996; 미국친자관계법의 오늘과 내일,(L.D.Wardle, "Parenting in American Law —Today and Tommorrow"), 「가족법연구」 제11호, 한국가족법학회, 1997; 노부모부양, 부양기여분제도와 법정부양상속분 제도," 「오늘의 법률」,

1998.12; 2002년 미국 통일친자법, 「가족법연구」 제17권 1호, 한국가족법학회, 2003; 미국 가족법의 최근 동향, 「비교사법」 제11권 1호, 한국비교사법학회, 2004 등.

27) 이화숙, 相續回復請求權 除斥期間의 경과와 僭稱相續人의 地位 : 대상판결: 대법원 1998.3.27. 선고. 96다 37398 판결, 저스티스 제32권 제2호, 한국법학원, 1999, 114－118면.

28) 위의 글, 121－124면.

29) 이화숙, 앞의 글(주 27), 124－125면.

30) 이화숙, 相續回復請求權의 時效에 관한 慣習法의 效力 － 대법원 2003.7.24. 선고 2001다48781 전원합의체 판결 －, 가족법연구 제18권 제1호, 한국가족법학회, 2004.

31) 이화숙, 상속의 승인과 포기에 대한 입법론적 연구, 민사법학 제30권, 한국민사법학회, 2005, 495－499면.

32) 이 외에도 상속과 관련한 교수님의 연구업적에는 다음과 같은 것들이 있다. 상속회복청구권, 「민법학의 회고와 전망」, 민사법학회, 1993; 상속재산의 분할을 둘러싼 몇 가지 문제, 「법학논총」 창간호, 경원대학교 법학연구소, 1993; 선순위상속인 전원의 상속포기와 차순위상속인의 승계여부, 「오늘의 법률」, 1996/10; 상속회복청구권 제도의 개선, 「가족법연구」 제11호, 한국가족법학회, 1997; 상속회복청구권에 관한 몇 가지 문제, 「저스티스」 통권 133호, 2012/12 등.

33) 이화숙, 정년퇴임이 감사한 이유 열가지, 고난은 내게 축복이었다, ㈜대성 korea.com., 2011, 29면.

집필자 소개

강수경 덕성여자대학교 교수
경익수 대전대학교 명예교수
김종구 조선대학교 교수
김태관 연세대학교 교수
박근웅 부산대학교 교수
서종희 연세대학교 교수
손한기 연세대학교 명예교수
신현윤 연세대학교 명예교수
이재곤 충남대학교 명예교수

연세대학교 법학연구원 학술총서 2

연세의 법학자들 Ⅱ

발행일 2025년 4월 29일

지은이 연세대학교 법학연구원
펴낸이 안종만 · 안상준

편 집 이수연
기획/마케팅 장규식
표지디자인 BEN STORY
제 작 고철민 · 김원표

펴낸곳 (주) 박영사
서울특별시 금천구 가산디지털2로 53, 210호(가산동, 한라시그마밸리)
등록 1959. 3. 11. 제300-1959-1호(倫)
전 화 02)733-6771
f a x 02)736-4818
e-mail pys@pybook.co.kr
homepage www.pybook.co.kr
ISBN 979-11-303-4970-1 93360

정 가 22,000원